Lang geleden *in* APELDOORN

De geschiedenis van Apeldoorn
in 10 (voorlees)verhalen

TEKST: NANDA ROEP
ILLUSTRATIES: HÉLÈNE JORNA

UITGEVERIJ NANDA

INHOUD

TEN EERSTE

De ijstijden, stuwwallen en de Veluwe

Lang geleden lag Apeldoorn onder een dikke laag ijs. Duizenden jaren geleden, denk aan 250.000 jaar geleden. Het was koud, zó koud…
Vanuit het noordoosten kroop het dikke, zware ijs in de richting van de stad. Uit Duitsland trok het naar Apeldoorn. Groningen en Friesland waren al bedekt, Drenthe raakte onder het ijs en steeds verder ging het, ook al leek het stil te liggen. Het gebeurde langzaam, zó langzaam…
Je zag niks bewegen en toch kwam het land er na duizenden jaren helemaal onder.
De Waddeneilanden waren bevroren en Noord-Holland ook.
Overijssel werd door de ijskap verslonden… Zwolle lag onder metershoog ijs – hoger dan de flats die je er nu kunt vinden. Deventer was bedekt en Zutphen ook.
De dikke, zware ijslaag drong Gelderland in… Pas nadat Apeldoorn ten prooi was gevallen, stopte langzaam het opkruipen van het ijs.

Water dat bevroren raakt, is zwaar.
De ijskappen waren zwaarder dan álles.
Zwaarder dan een stapel olifanten, zwaarder dan een paleis – dan tien watermolens...
Terwijl de ijskappen over het land kropen, duwden ze aarde voor zich uit. Steeds meer stenen en steeds meer grond werden door het ijs vooruit gedrukt. Zo sterk was het en zo zwaar.
De aarde kon niet blijven liggen zoals die lag; steeds grotere grondhopen werden door de ijskappen opgestuwd. Allerlei aardlagen werden opgetild en omhooggeduwd, als een taart die je aan één kant optilt.

Het water smolt en het bevroor opnieuw. Uiteindelijk smolt het weer... Dat gebeurde 20.000 jaar geleden, maar voor het ijs was het gewoon 'nu'. IJs dat smelt, wordt water – maar dit waren liters en liters, héctoliters ijskoud smeltwater. Het stroomde over de grond, het stroomde door de heuvels... Het zorgde voor geulen en kuilen, het creëerde rivieren en meren. Apeldoorn kreeg zóveel water te verstouwen, dat het drassig en vochtig achterbleef...

Nadat het ijs was gesmolten, bleef de opgeduwde aarde omhoog staan. Het werden 'stuwwallen' genoemd. De stuwwal van Apeldoorn heeft nog een naam: de Veluwe. Het is het allergrootste opgeduwde gebied van Nederland.
Dit heeft veel gevolgen gehad voor de stad en de dorpen eromheen. Het is belangrijk geweest voor de ontwikkeling van Apeldoorn. In zekere zin zou je kunnen zeggen dat de Veluwe een cadeautje is geweest van het steenkoude ijs...

1

GEVALLEN IN HET WATER

Jagers, verzamelaars, wild en het Uddelermeer

Hymer sleept een buidel vol appels door het bos. Iedereen zal trots op hem zijn als hij met zo'n goede maaltijd thuiskomt. Helaas heeft hij geen diertje gevangen, zelfs geen vogel, daar had hij stiekem op gehoopt. Als hij eindelijk een echte jager kon zijn, zouden zijn grote broers naar hem opkijken. Maar ja.

Ze hebben met de familie een halve dag door de bossen gelopen: zijn vader, zijn neefje Gerko en zijn oom Regnald. Noten hebben ze gevonden en een flinke lading eikels. Helaas dus geen konijn en al helemaal geen mammoet...

Hymer droomt ervan om een wolharige neushoorn te vangen, zodat hij de hoorn als bijl kan gebruiken, net zoals oom Regnald heeft gedaan. Maar zijn oom zegt dat de wolharige neushoorn niet meer leeft, hij zegt dat de allerlaatste jaren geleden is gedood in een gebied hier ver vandaan.

Ver voorbij Uunnilo en voorbij alle windstreken. Toch zou het kunnen, denkt Hymer, het kan...
De vader van Hymer heeft in deze heuvels ooit een mammoet gezien. Die hebben ze met de hele familie gevangen en opgegeten. Over zijn schouders draagt Hymers vader nog altijd een mantel van mammoethuid. Ooit zal Hymer ook een eigen, echte huidmantel hebben, daar droomt hij van.

Vanaf het moment waarop de zon opkwam, tot nu, hebben ze gelopen. De zon staat bovenaan de hemel en Hymer is moe. Het is tijd om terug te keren naar de hutten die de rest van de familie op de vlakke grond bouwt.
'Kijk daar eens?' Met een glimlach wijst Gerda naar een open plek in het bos. Het duurt even voordat het tot Hymer doordringt, maar dan ziet hij het ook: een veld vol paardenbloemen. Hij springt er nog net niet in om, liggend op de grond, in één keer de blaadjes van de steel te happen.

Iedereen begint te grommen en te knikken. Ook Regnald en de vader van Hymer zijn enthousiast. Langs het veld zien ze nog een rozenbottelstruik die vol is van kleur. Regnald springt erop af en grijpt een handvol vruchten. Smakkend propt hij ze in zijn mond en de anderen lachen. Ja, de rozenbottels zijn een snoepje, hiermee kunnen ze tevreden thuiskomen!

Aan de heuvel bouwt zijn moeder samen met zijn grote broer en een neef aan drie hutten voor de familie. Deze plek ligt lekker dicht bij het water, terwijl regen hier toch vlot omlaag kan stromen. Perfect, dus.
Hymer is blij om de bossen uit te komen. Het was een lange wandeling. Ze zijn zó ver gegaan dat hij onderhand bang werd om de winterreuzen tegen te komen...
Dat zijn de reuzen waarover zijn vader heeft verteld en die heeft het weer van zíjn vader. Iedereen kent het. Elke vader vertelt het aan zijn zoon en elke moeder geeft het door aan haar dochter. De winterreuzen wonen verderop, bij Uttiloch. Dit is er gebeurd:

In het machtige woud Uunnilo, niet ver hiervandaan, voerden de winterreuzen strijd met de goden. Om te kunnen winnen, sloten de reuzen een verbond met een monsterlijke slang. (Als hij denkt aan de reuzenslang, voelt Hymer elke keer weer een rilling over zijn rug.) De slang kronkelde via de hoogste eikenboom naar de lucht, waar ze haar gif de lucht in spoot. De reuzen wierpen handenvol hagel naar de wolken. Daardoor kwam het tot een gevecht tussen dondergod Thunar en de slang. Thunar kwam eraan gereden over de wolkenvelden. Hij bewoog snel door de hemel in zijn woest rollende wagen die door twee zwarte bokken werd voortgetrokken. Boven het woud Uunnilo kwam ineens de monsterlijke slang door de wolken omhoog, met opengesperde kaken. Ze blies haar stinkende adem in de blauwe lucht, die daardoor op slag zwart kleurde. Thunar hief zijn donderhamer op en sloeg die op de slangenkop, zo hard dat de bliksem eruit spoot. Hij sloeg met zo'n enorme kracht, dat het monsterlijke beest verpletterd ter aarde stortte. De klap liet de aarde trillen, tot wel kilometers verderop.Het bliksemvuur verschroeide de giftige slang, maar daardoor steeg er een afschuwelijke stank op naar de hemel, zó vies. Hierdoor stortte Thunar uit de hemel, vlak naast de plek waar hij de reuzenslang had verslagen. Daarna werd het oorverdovend stil.
De stilte... Door alle krachten, zonk de aarde weg in de zee...
Na deze vreselijke slag duurde het lang voordat de aarde weer was opgedroogd. Toen dat eindelijk gebeurde, bleven er twee meren achter, die zo diep waren als de wereld. Het ene meer heette Uttiloch, en het andere het Godenmeer.

Aan de voet van de heuvels wandelt Hymer Apeldoorn in, maar dat weet hij niet. Niemand weet het, want Apeldoorn bestaat nog niet. Er zijn geen dorpen of steden. Er bestaan alleen familiegroepen met jagers en verzamelaars, die samen door de bossen van de Veluwe trekken. Het is 12.000 jaar voor Christus, de steentijd, maar voor Hymer is het gewoon 'nu'. Hij is tevreden met zijn lekkere nootjes en vruchten – ook al wilde hij zich eindelijk een echte jager noemen.

Uit zijn buidel pakt hij zijn stenen bijl. Dat is een zakmes van steen waarmee hij dieren kan aanvallen, of takken kan afbreken, of bomen bewerken. Al een tijdje werkt hij daarnaast aan een eigen speerpunt. Daarvoor slaat hij met de ene steen op de andere, net zo lang tot er een scherpe punt aan zit.

Zijn broer heeft met de drassige aarde muren gebouwd voor de hut. De modder wordt bedekt met stroken van de grond, plaggen.

De buitenkant van hun hut ziet er straks uit als een grasveld, of als een stuk heide. In de hut kunnen ze schuilen tegen de regen en de koude wind.

Trots laat Hymer zijn volle buidel aan zijn grote broer zien. Deze geeft hem een aai over de bol, maar stuurt hem ook meteen weer weg met een nieuwe, lege buidel. In de richting van de waterkant, waar Hymer klodderige modder moet halen voor de hut.

'Help je mee?' vraagt zijn nichtje Gerda, die ook naar het water wandelt.
'Nee.' Hymer recht zijn schouders en spant zijn spieren. 'Dit is niks voor een echte jager.' Hij pakt zijn schrabber van vuursteen. De steen is om de huiden mee schoon te schrapen van dieren die hij zal vangen – later. Voorlopig gebruikt hij de schrabber om modder onder zijn nagels te verwijderen en om te krabben als zijn huid jeukt.
Gerda lacht. 'Om een jager te zijn, moet je wel ooit iets vangen.'

Hymer springt op. 'Dat lukt me heus wel!'
Maar Gerda luistert al niet meer naar hem.
Ze tuurt naar het riet achter Hymer. 'Snij dan maar wat riet voor me af. Ik zie daar een lekkere lisdodde, die lusten wij wel.' Zelf stopt ze een handvol modder in haar buidel.
'Het is eigenlijk geen klus voor een jager, maar ik zal het doen,' antwoordt Hymer verwaand.
Hij zet een voet naast het riet. Maar de steen waarop hij zijn voet plaatst, is nat...

Zijn blote voet glibbert weg. Hymer wankelt en tuimelt en valt met een dikke plons in het water.
Gauw komen de anderen kijken of hij hulp nodig heeft. Het kan namelijk erg lastig zijn om het water uit te komen. De vrouwen rennen, de kinderen hollen mee en ook zijn broer haast zich naar de waterkant.
Maar Hymer komt gemakkelijk boven water.
'Haha,' lacht hij. 'Kijk eens?' Hij houdt zijn buidel omhoog en daarin spartelt een lekkere... vis. Nu is hij vandaag toch nog een jager geworden!

WEETJE

Het verhaal van de winterreuzen hoort bij de legenden van de Veluwe.

TAAL

Steentijd = De vroege prehistorie.
Een plag = Een losgestoken stuk grasveld of heide.
Schrabber = Steen om iets mee schoon te schrapen.
Lisdodde = De 'sigaar' van het riet bij het water.

BEZOEKEN

1

Ga naar het Uddelermeer bij Uddel!

WEETJE

Het meer Uttiloch bestaat nog steeds en heet nu het Uddelermeer. Vroeger was het 17 meter diep, en tegenwoordig nog maar 2 meter. Het is het hoogst gelegen meer van Nederland. De plek heeft een rijke geschiedenis die in de Steentijd begint en je kunt deze nog steeds bezoeken.

TAAL

Uunnilo = Het bos bij Uddel.
Uttiloch = Uddel en het Uddelermeer.
Godenmeer = Bleekemeer, bij Uddel.

← MEER WETEN?

WEETJE

Over de hele Veluwe en verspreid over heel Apeldoorn hebben jagers-verzamelaars rondgetrokken. Om een kampement te bouwen, zochten ze hogere plekken in het landschap op met water vlakbij. De oude meertjes waren daarbij erg in trek.

2

DE BEKER VAN OMA

Boeren, klokbekers en grafheuvels

Noura zit stevig op de boomstam voor haar huis. Dit is een belangrijke dag. In haar handen houdt ze de beker die ze vanmorgen heeft gekleid. Ze heeft het met geduld gedaan, precies zoals oma het haar heeft geleerd. De onderste helft loopt mooi bol, je kunt er je handen omheen vouwen.
Ze heeft de klei netjes gladgestreken – al zegt ze het zelf. Aan de bovenkant loopt de beker wijd uit, zodat je er prettig uit kunt drinken. Omgekeerd is de beker net een metalen kerkklok – maar dat weet Noura niet. In de tijd waarin Noura leeft, de steentijd, bestaan er geen klokken.

Het is 2.500 jaar voor Christus, er bestaan alleen de natuur en de leemhouten huizen met daken van riet. Voor Noura is het 'nu', dus voor haar maakt het geen verschil. Zij is gewoon erg trots op haar mooie kleibeker. Ze is er klaar voor om hem met de punt van haar stevige tak te gaan versieren.
Het is de bedoeling dat ze hierbij NIET wordt gestoord. Anders kan ze weer opnieuw beginnen... Deze beker is belangrijk voor haar, veel belangrijker dan alle andere bekers die ze ooit heeft gemaakt. Daarom heeft ze dit moment gekozen om de versieringen te doen: haar moeder is met de schapen naar het graasland gegaan en haar vader is met de andere mannen van de stam naar het akkerland om te ploegen. Ze verbouwen eenkoorn en emmertarwe op de akkers, daar maken ze brood van. Haar vader heeft hun eigen koe meegenomen en een ander stamlid nam ook een koe mee. Samen kunnen ze ervoor zorgen dat de houten ploeg door het land wordt getrokken, zodat de tarwes goed groeien.

Noura is alleen thuisgebleven met de varkens. Over de varkens maakt ze zich geen zorgen: die blijven altijd netjes achter het houten hek. Ze rollen door de modder en maken samen plezier, ze zullen haar niet aanstoten waardoor ze uitschiet. Dat kun je niet zeggen van de rennende kinderen verderop... Ze kent ze allemaal, natuurlijk, want zó groot is de stam nu ook weet niet. Maar ze laten haar met rust omdat ze weten dat ze deze beker graag extra mooi wil maken. Hij moet klaar zijn voordat haar ouders thuiskomen, dat is het doel. Voorzichtig trekt ze een eerste, rechte streep over de bolling van haar beker. Omdat de klei nog nat is, kan ze er met haar tak een lijn uit schrapen van een millimetertje diep. Eigenlijk is het niets anders dan boetseren – maar ook dat kent Noura niet. Ze doet het netjes en voorzichtig, omdat deze beker zo belangrijk is.

De ouders van Noura hebben drie schapen, vier varkens en één koe. Die leven op het veldje naast hun huis. Dat is bijzonder, want via haar oma heeft Noura gehoord over vroeger, het verre verleden van haar voorouders die altijd hun eten bij elkaar moesten sprokkelen – toen er nog winterreuzen in de heuvels woonden en de vele goden nog actief met elkaar streden aan de hemel.

Gelukkig gebeurt dat nu niet meer. Nu woont Noura met haar familie aan de voet van de heuvels, waar het land lekker plat is. Lopend kunnen ze de vruchtrijke heuvels in en dat gebeurt dan ook elke dag. Wat de goden betreft: tegenwoordig brengen mensen offers aan de goden, bij de mocrassen in de heuvels. Noura gaat niet graag naar de offerplaats, want ze moet er niet aan denken om de Witte Wieven tegen te komen. De mistige figuren zijn boze heksen, dat weet iedereen.

Soms droomt ze dat de Witte Wieven achter haar aan zitten, of erger: dat ze haar oma lastigvallen en de spullen uit haar grafheuvel stelen. Hoe moet haar oma de reis naar het hiernamaals overleven als zoiets gebeurt? Dus ja, ook om die reden is het belangrijk dat Noura haar beker snel afmaakt. Maar ze wil vooral dat die supermooi wordt. Ze houdt van versieringen. Niet voor niets heeft ze stenen kralen aan haar kleding vastgemaakt.

Gevlochten tarwestelen zijn sterk en houden de sieraden goed op hun plek.

Aan haar voeten draagt ze een lap van leer. Deze schoenlap heeft ze stevig vastgebonden met vlechten van tarwe. Toen oma stierf, maakte ze voor haar ook een sterk touw van tarwevlecht, waar ze stenen kralen aan schoof die oma mee mag nemen op haar reis naar het hiernamaals. Oma was al 36 jaar, een flinke leeftijd, dus ze konden verwachten dat het niet lang meer zou duren. Maar toch is Noura verdrietig om het verlies. Samen met alle mannen en vrouwen van de stam hebben ze gisteren een graf voor oma gegraven, een ondiep graf. Daar hebben ze oma in gelegd, op haar zij, met haar hoofd naar het oosten zodat ze altijd de opkomende zon kan zien. Noura heeft oma's lievelingsbeker naast haar gelegd, plus oma's vuurstenen bijl – voor het geval ze tijdens haar tocht naar haar voorvaderen zou moeten vechten.

Daarna hebben ze met zijn allen een flinke heuvel over oma heen geschept, iedereen hielp mee. De sterkste mannen schepten flinke plaggen heidegrond bij de rand van hun leefgebied, waarmee ze de heuvel bekleedden. Hiermee heeft oma een mooi nieuw thuis

gekregen, Noura heeft er vrede mee.
Nu is het alleen nog belangrijk om de beker af te krijgen. De strepen zet ze vlak naast elkaar, precies zoals oma het haar heeft geleerd.
Een voor een.
Rustig.
Netjes doorwerken...
Bij de buren beginnen de kinderen tarwe aan de varkens te voeren, dat moet zij straks ook nog doen. Precies op het moment dat de geit van de buren aan komt rennen, zet Noura haar laatste lijn.
'Klaar,' verzucht ze opgelucht. De geit snuffelt aan het bont dat ze draagt. Zodra hij probeert of haar kleding eetbaar is, duwt Noura hem lachend weg. 'Kijk eens?' vraagt ze lief.
Haar mooie beker steekt ze in de lucht, buiten het bereik van de geit, maar ze geeft hem wel de tak waarmee ze de strepen heeft getrokken.
Hij begint er meteen op te kauwen en blaat een vrolijk geluid voordat hij wegrent...
Tevreden bekijkt Noura haar werk. De beker ziet er precies zo uit als degene die ze aan oma heeft meegegeven in haar graf. Als ze vanavond vuur maken, kan Noura haar beker in de vlammen leggen en zo wordt hij droog en hard.
Daarna kan ze hem gebruiken. Ze kan niet wachten om de beker straks aan haar ouders te laten zien. Op deze manier zal het zijn alsof oma nog een beetje bij hen is. Wat zullen ze trots op haar zijn.

TAAL

Eenkoorn = Een van de eerste geteelde granen ter wereld.
Emmertarwe = Een van de oudste gewassen ter wereld.
Gewas = Een plantensoort.
Boetseren = Klei een andere vorm geven met je handen of met gereedschappen.

BEZOEKEN 2

Wil je het woongebied van Noura bezoeken? Dat kan: je bent er namelijk al! In Apeldoorn zijn verschillende opgravingen geweest die de aanwezigheid van het Klokbekervolk lieten zien. In en rond de stad zijn meerdere grafheuvels aanwezig. Wat dacht je van grafheuvels in het Spainkbos achter de Heuvellaanschool? Als je ze wilt zien, kun je ernaartoe.

WEETJE

Het leven van de boeren was heel anders dan die van jagers-verzamelaars. Ze hoefden niet steeds rond te trekken met de seizoenen, maar woonden gewoon op dezelfde plek.

WEETJE

In heel Europa werden klokbekers aan de doden in grafheuvels meegegeven. Elke streek had nét even zijn eigen vorm en versiering, maar overal lijken ze op een omgekeerde kerkklok, vandaar die naam. De Veluwse klokbekers staan bekend om hun mooie vormen in de versieringen.

MEER WETEN?

3

EEN CADEAU VOOR RIGLIND

Vroege middeleeuwen, Vikingen, kerstening en schrift

Riglind zit te balen bij de snikhete oven. Wat hij moet doen, is eigenlijk een bijzondere opdracht, maar dat kan hem niet schelen. Hij mocht vorige week niet met zijn vader mee naar Herderewich, de stad aan het water. Daar baalt hij dus al de hele week van – en zijn vader is nog steeds niet terug.

Met een boot reisde zijn vader vanaf Uttiloch door een smalle rivier helemaal naar Herderewich. Al het ijzer dat ze de laatste periode in het dorp hebben gemaakt, is meegenomen in het schip dat wordt gebruikt voor de binnenvaart. Ze hebben met zijn allen planken gebogen tot het een sloep was, en daarna is er een vierkant zeil op gezet. Daar had Riglind óók bij geholpen.

Zijn vader zal, samen met een van de andere mannen, het ijzer verkopen voor geld en misschien ruilen ze het nog voor extra dieren of tarwes. Riglind wilde dus mee om het te zien, maar hij mocht niet.
Hij moest de ovens warm houden voor het winnen van ijzer, zei zijn vader. Want dat gaat altijd door.

Het schip, een platbodem, kan ieder moment thuiskomen en tot die tijd zal Riglind blijven balen. Hij vindt het belangrijk dat zijn vader kan zien hóé erg hij het vindt dat hij niet mee mocht, zodat het de volgende keer hopelijk anders zal zijn.

Nog veel meer mensen zijn thuisgebleven, dat is niet het probleem. Ook de sterke mannen zijn er nog, de gelukszoekers die met hun families zijn gekomen om klapperstenen uit de grond te graven. Klapperstenen zijn brokken ijzeroer, waar in het midden de stukjes ingedroogde leem rinkelen alsof je een prijs hebt gewonnen. Deze stenen moet Riglind omsmelten in zijn snikhete oven. Daarom moest hij achterblijven in Appoldro.

Andere werkers zijn thuisgebleven om bomen te kappen. Veel eikenhout hebben ze nodig, zóveel dat er kale plekken in het bos ontstaan. Elke avond brengen ze offers naar de grootste eikenboom van het bos, in de hoop dat oppergod Wodan niet boos op ze wordt en zijn zoon Donar op ze afstuurt met donder en bliksem.

Vooral nu Riglinds vader onderweg is met de boot, zou dat vreselijk zijn... Ook al zijn er steeds mensen die beweren dat de vele goden niet bestaan, sommigen stappen over naar een ander geloof – maar daar houdt Riglind zich nog niet mee bezig.

Verderop is het dorp waar ze al het hout branden in ondiepe kuilen, die worden afgesloten met een aardlaag, de plag. In dat dorp hebben ze altijd rokende, smeulende stukken grond. Dag en nacht. Totdat de stukken van de eikenboom houtskool zijn geworden. Deze houtskool heeft Riglind óók nodig voor het verhitten van de klapperstenen.

In de oven moet hij eerst een laag houtskool verhitten. Daarna schept hij er een laag klapperstenen in, en daarna weer een laag houtskool. Zo stapelt hij door, om en om, eigenlijk net als een lasagne – maar Riglind weet niet wat lasagne is. Het is het jaar 792 na Christus, maar voor Riglind is het gewoon 'nu'. En in het nu baalt hij ervan dat hij niet mee mocht naar Herderewich...

Weet je wie ook in het dorp is gebleven?
De smid – die is wel aardig.
De smid gebruikt altijd wat van het eigen ijzer om voorwerpen te maken die ze zelf nodig hebben. Zoals gereedschap: messen, beitels en hamers... Vandaag werkt hij aan een sikkel. Dat is een mes in de vorm van een halve maan. De smid gebruikt die wanneer iemand is gestorven en verbrand moet worden.
Hij snijdt er eikenhout mee en maretakken, maar de sikkel is ook handig voor wanneer de tarwevelden moeten worden geoogst.
Ja, de smid kan als de beste dingen maken van ijzer. Voor hem wil Riglind de oven wel oppoken zodat het ijzer loskomt uit de klapperstenen. Niet voor wat de Vikingen ermee doen: die maken zwaarden zodat ze langs de kust dorpen kunnen plunderen en veroveren. Ze stelen het ijzer dat op de Felua wordt gemaakt en dat gebruiken ze voor wapens. Daar houdt Riglind niet van – en nu wordt hij toch zenuwachtig waar zijn vader blijft...

Een van de ganzen uit het dorp is met Riglind meegewandeld. Dat is prima, zo heeft hij wat gezelschap. Hij gaat zitten bij de hoge oven aan het begin van de heuvels en blaast er lucht in om de hitte weer extra op te stoken. De gans blijft op een afstandje staan gakken.
Hoe vaak Riglind ook zei dat hij niet bang was, het maakte niet uit. Hij mocht niet mee. Zijn moeder wilde het liever niet en zijn vader luisterde naar haar. ‘Jij moet je moeder en je zusje beschermen, jong,’ zei zijn vader – en hij wreef hem over zijn bol.

Hij moest echt in Appoldro blijven, waar zijn zusje allang gezellig wol aan het kleuren is. Samen met hun moeder verft ze wol in alle kleuren van de regenboog. Ze laten weegbree meekoken met de wol en als die in de lucht opdroogt, kleurt hij blauw. Of rood of geel.

Weegbree

Echt, zij hebben Riglind niet nodig!
Zuchtend gaat hij zitten bij de ovens. Het ijzersmelten duurt nog wel even. Hij heeft een geul gegraven waar het afval naartoe kan stromen: de ijzerslakken. Wat overblijft is het ijzer dat zijn vader kan verkopen: de wolf, zo noemen ze het.

In de verte hoort hij luide stemmen – mannenstemmen. Hij denkt eerst aan de mannen die klapperstenen verzamelen, maar nee, die zijn ergens anders. Die zijn naar de plekken getrokken waar het ijs vroeger de bodem heeft opgestuwd.
Doordat de grond hier, op de Felua, ooit door ijstongen omhoog is geduwd, liggen de verschillende aardlagen prachtig bruikbaar klaar voor de mensen. Ze hoeven alleen maar te zoeken naar oranje gekleurde adertjes in de grond. Dan weten ze dat er ijzer te vinden is en gaan ze graven naar de klapperstenen.
Maar wie hoort hij dan...?
Ineens weet hij het: zijn vader!
Zijn vader is terug!

ijzerslak

Riglind springt op en rent de heuvels in. Over het struisgras, langs de zwarte els en springend over melkdistel. 'Vader!' roept hij. Lachend spreidt zijn vader zijn armen. De wollen broek is vies en zijn tuniek ook, maar bij zijn schouders glimt iets als de zon. 'Wat heb je daar nou?' 'Een fibula, zoon, geruild in Herderewich. Vind je hem mooi?'

Struisgras

Riglind knikt want het glimt zo hard, dat heeft hij niet eerder gezien. Vader schudt zijn hoofd. 'Zie je de kleurige steentjes? Dat is het kruis waaraan Christus is gestorven voor de mens.' 'Christus?'Zijn vader knikt en aait hem over zijn bol. 'Ik zal je er vanavond meer over vertellen.' Hij speldt de wollen mantel nu om de schouders van Riglind. Het is zo'n mooie verrassing, dat Riglind helemaal vergeet om te laten zien hoe erg hij de hele week heeft gebaald. Samen wandelen ze terug naar Appoldro.

Fibula

TAAL

Uit deze periode kennen we de eerste Veluwse plaatsnamen.
Het zijn de vroege middeleeuwen.

Appoldro = Apeldoorn, voor het eerst genoemd in 792.
Herderewich = Harderwijk, eerste Veluwse stad die in 1231 stadsrechten kreeg.
Uttiloch = Uddel, voor het eerst genoemd in 792.
Felua = Veluwe, voor het eerst genoemd omstreeks 800.

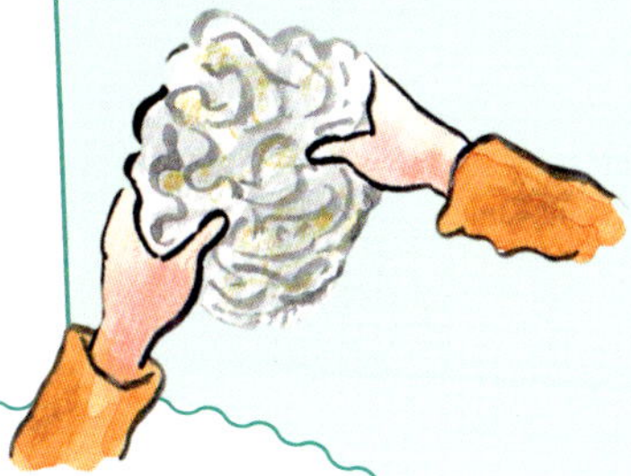

3

BEZOEKEN

In het Orderbos kun je de grootste ijzerslakkenhoop van Nederland vinden. Hij ligt vlak naast de ingang van atletiekvereniging AV '34, tussen de bomen. Hier vind je 650.000 kilo ijzerslak, maar let op, want op het eerste oog lijkt het gewoon een heuvel. Door deze slakkenhoop weten we dat op die plek in de vroege middeleeuwen minstens 250.000 kilo ijzer is gemaakt.

WEETJE

Nog steeds zijn veel wateren rond Apeldoorn oranjebruin van kleur. Dat komt doordat er zoveel ijzer in onze grond zit.

← MEER WETEN?

TAAL

Binnenvaart = Varen op rivieren in het land, niet op zee.
Wolf = Het ruwe ijzer.
Afval = (IJzer)slak = zwarte, gestolde vettige (lava)steen.
Klappersteen = De ijzererts, roestige stenen met een bolletje ijzeroer erin.
Kuilmeiler = Kuil voor het maken van houtskool.
Fibula = (Mantel)speld.

UITLEG

Vanaf de 8e eeuw behoorde de Veluwe toe aan de Franken, zij zorgden ervoor dat de inwoners christelijk werden, door missionarissen naar het gebied te sturen om de mensen te bekeren. Dit grootschalige bekeren wordt de 'kerstening' genoemd.

4

HET DRAMA VAN DRIESJEN

Watermolens, industrie en rijkdom

'Schoon blijven,' herhaalt Driesjen in zichzelf, 'netjes blijven...' Ze is op pad gestuurd naar oma, maar er is één probleem: ze heeft haar mooie jurk al aan. Vanmiddag mag ze namelijk op visite bij haar vriendin Jannitjen. Zij woont in een rijk gezin, dus moet Driesjen er netjes naartoe.
Alleen... eerst moet ze nog een mand vol hoenderpasteitjes naar oma brengen. Iedereen schrok vanmiddag omdat ze oma bijna waren vergeten! Haar moeder en natuurlijk de dienstmeid Aaltje... Ze waren te druk geweest met het bezoek aan de familie van Jannitjen, de rijke pampiermakers. Daardoor dachten ze er niet aan dat de pasteien bijna uit de oven kwamen en dat oma erop zat te wachten, verderop in het dorp.
Aaltje had Driesjen juist met veel plezier in haar nette jurk geholpen.
Omdat ze bijna twaalf is, draagt Driesjen al een echte japon. De blouse is gemaakt van zachte zijde en de jurk van dik fluweel. Ze kan niet wachten om ermee door het dorp te gaan! In de rok van haar jurk is een hoepel verwerkt, waardoor Driesjen even niet wist hoe ze door een deur zou moeten. Maar mooi dat ze zich voelt, zó mooi! Gelukkig hielp Aaltje haar door de hoepel aan één kant op te tillen – nu ze heeft gezien hoe het moet, zal ze het wel zelf kunnen. Dus ja, het is wel logisch dat haar moeder waarschuwde voordat ze vertrok: 'Denk om je kleren, Driesjen!' Sindsdien fluistert ze tegen zichzelf: 'Schoon blijven...'

Ze gaat langs de achterkant van het huis, zodat ze langs het water komt. Ze houdt van het water dat door de beek stroomt en de kracht waarmee het een molenrad laat draaien. Het kletterende kabaal maakt haar gedachten vrij, een heerlijk gevoel.
Iedereen in het dorp is hard aan het werk. Pampiermolens drenken de vodden en scheppen de pampiervezels...
Zelf malen ze meel, nou ja, Driesjens ouders dan, samen met de knecht. Daarnaast bezitten ze een eigen bakkerij.

Het Oude Loo

Het is het jaar 1684, maar voor Driesjen is het gewoon 'nu', dus zij vindt het wel normaal allemaal. Ook de pasteien zijn voor haar niks bijzonders, de vleesgerechten in deeg. Dat eten ze zo vaak en ze hebben geluk dat Aaltje ze goed kan maken – maar dat mag je van een meid natuurlijk wel verwachten, zo is het ook.
Wat wél bijzonder zou zijn, is als toevallig Stadhouder Willem III van Oranje in zijn koets langs kwam rijden. Dat zou nog eens geweldig zijn...
Willem III, de stadhouder, geeft leiding aan Holland, Zeeland en Utrecht, plus Gelderland. Er wordt gefluisterd dat hij kans maakt om óók de koning van Engeland en Ierland te worden! Hij heeft kasteel Het Oude Loo gekocht en Driesjen kan niet wachten om hem eens te zien.

Het water van de Veluwe kan voor hem de hoogste fontein van Europa laten spuiten. Dat wil hij laten aanleggen, zeggen de rijken die al naar het kasteel mochten. Als Willem III van Oranje haar zo zag, in haar dure japon, zou Driesjen zeker een uitnodiging krijgen om naar het kasteel te komen. Ze zeggen dat hij naar Apeldoorn is gekomen om er te jagen. Nou, als hij maar weet dat Driesjen de lekkerste pasteitjes kan maken!
Ja, samen met Aaltje dan toch...

Maar de ouders van Jannitjen... die zijn allang op het kasteel geweest. Zij bewerken geen metaal en ze doen ook niet de was.

Welnee, zij maken pampier. Als Driesjens vader dat toch eens deed! Nergens kunnen ze zulk wit pampier maken als hier op de Veluwe. Dat komt doordat het regenwater in de heuvels is blijven liggen, in ondergrondse kuilen die zijn ontstaan door de ijstijden.
Landwerkers hebben ontdekt dat je door een grondlaag kon prikken – dat was vroeger, bijna driehonderd jaar geleden. Daarna stroomde het helderste, schoonste water eruit. Het water werd naar sprengenbeken geleid en zo kon het worden gebruikt voor het laten draaien van een waterrad.
In die vroegere dagen werden de beken gegraven; steeds meer sprengen werden aangeprikt en watermolens gebouwd. Hele fabrieken kunnen draaien op de kracht van het water, iedereen werd rijk!

Nou ja, niet iedereen natuurlijk, maar wel veel mensen. Families zoals die van Driesjen en Jannitjen. Zij zijn de geluksvogels die nu veel rijker zijn dan de landwerkers, bijvoorbeeld, de boeren uit het dal. In haar jurk ziet ze er vandaag zelf ook adellijk uit, al zegt ze het zelf. Ze huppelt over de houten bruggetjes die over het water gaan. Ze let erop dat het spattende water niet op haar kleding komt – al zou dat weinig problemen geven, want dat droogt vanzelf weer schoon op.

Ze stapt op de boomstammen aan de zijkant van het zandpad en ze let erop dat ze niet valt. De mand met pasteitjes bungelt aan haar arm. Het ruikt superlekker, ze weet zeker dat haar oma blij zal zijn. Er is eigenlijk maar één zorg, en dat is dat er geen vlek op haar japon mag komen. Maar dat gebeurt niet, let maar op, want ze is er al bijna.
Vrolijk wandelt ze door de heggen naar het huis van haar grootmoeder. 'Oma!' roept ze al. 'Daar ben ik AAARHH!!' Gillend springt ze opzij.

Bulhond

De bulhond van oma komt haar blaffend en grommend tegemoet. 'Oma!' schreeuwt ze bang. Hij rent op haar af met zijn tanden bloot. 'OMA!'
Eindelijk klinkt haar grootmoeders stem: 'Af, hond – áf!' Met een knuppel geeft oma het beest een paar rake tikken op zijn rug. 'Wat is er met jou aan de hand!' zegt ze boos. Pas daarna ziet ze haar kleindochter liggen.
In het gras... met verse pasteitjes over zich heen... en de vlekken in haar jurk...
'Ik kon er niks aan doen!' roept Driesjen.
Oma schudt haar hoofd.
'Jij kon er echt niks aan doen. Ik geef je een briefje mee voor je moeder.'
'Ik kwam gewoon pasteitjes brengen!'
De schrik zit nog in haar stem.
'Ik deed niks verkeerd.'
'Hoe kan het nou dat mijn hond op je aansloeg?' vraagt oma zich nog steeds af. 'Op de een of andere manier herkende hij je niet...'

Een traan rolt over Driesjens wang.
'Misschien door mijn mooie jurk.' De hoepel in haar rok ligt schuin over haar buik.
Het is alsof oma haar nu pas ziet. 'Kind, je hebt gelijk. Wat ben je mooi. Je bent ineens zo groot, een echte dame!' Ze gebaart naar haar kleindochter: 'Niet opstaan!' Met enige moeite bukt oma naast Driesjen in het gras. Voorzichtig pakt ze een van de pasteitjes op, die zo kliederig over de jurk zijn gevallen.
Ze glimlacht naar Driesjen en neemt een hap.
'Heerlijk,' glimlacht oma, 'je bent een prachtige eettafel geworden.'
Driesjen schiet in de lach. 'Ik moet nog op visite, oma!'
'Bij wie?'
'Bij Jannitjen Brouwer, mijn vriendin.'
Oma's ogen worden groot. 'De pampiermakers?' Ineens staat ze haastig op. 'Dan moeten we snel zijn.' Zie je wel, iedereéén heeft respect voor de rijke familie van haar vriendin.
Oma helpt Driesjen overeind.
Ze neemt haar mee naar binnen en wast de vlekken uit haar fluwelen jurk terwijl Driesjen er gewoon nog in zit.
'Nu gauw naar huis,' knikt ze. 'Als je een beetje huppelt en danst onderweg, zal het wel drogen.'
Dat doet Driesjen. Tegen de tijd dat ze thuiskomt, merkt niemand nog iets aan haar.
Het water heeft haar schoon gekregen, zó schoon. Het briefje dat oma had meegegeven, dat het niet haar schuld was, hoeft ze niet eens te laten zien.

WEETJE

In 1684 kocht Stadhouder Willem III van Oranje het middeleeuwse kasteel Het Oude Loo. Hij wilde er jagen, maar hij koos het vooral ook omdat hij er een grote tuin met een hoge fontein kon aanleggen. Ieder jaar in april en mei kun je rondom het middeleeuwse kasteel in het Paleispark wandelen.

4

BEZOEKEN

In Loenen kun je De Middelste Molen bezoeken, een watermolen uit 1622. Het is de oudste papierfabriek van Nederland die nog werkt op waterkracht en stoom. Of neem eens een kijkje bij de Ruitersmolen in Beekbergen, bijvoorbeeld.

MEER WETEN? →

TAAL

Pampier = Papier.
Rad = Ronddraaiend wiel.
Florijnen = Guldens = euro's.
Bulhond = Buldog.
Sprengenbeek = Een door mensen gegraven beek waar grondwater doorheen wordt geleid.

UITLEG

Stadhouder = Een man die de leiding heeft over één (of meerdere) provincie(s).

Hans
Parkie

5

WIELEN VOOR DE OLIFANT

Oranje-Nassau, Republiek der Nederlanden, Hans en Parkie

De moeder van Johanna is uren geleden naar paleis Het Loo gegaan om aardappelen te schillen, te koken en daarna alles weer af te wassen. Ze werkt lange dagen, dus voorlopig komt ze niet thuis. Haar vader werkt bij de smederij van het paleis en ook hij komt voorlopig niet terug.
Johanna moet haar vader en moeder helpen door voor haar jongere broers en zusjes te zorgen, maar daar heeft ze geen zin in. Zelf is ze niet de oudste en nog maar pas negen jaar. Dat is misschien wel groot, maar ze heeft weinig zin om flesjes met pap te moeten maken voor de kleintjes.
Daarom is ze stiekem naar buiten geglipt toen haar grote zus niet oplette. Nu slentert ze door de bossen rond paleis Het Loo. Omdat haar vader en moeder bij het paleis werken, mag zij dat. Nou ja... soms mag het. Hoopt ze.

Oké, vaak wordt ze weggestuurd als iemand haar ziet. Maar soms heeft ze geluk en mag ze van de opzichter mee om naar de dieren te kijken. Stadhouder Willem V heeft een eigen dierentuin, dat heet een menagerie en je zegt het zo: mee-na-zje-rie. Toen er rellen kwamen in het westen bij Den Haag, heeft hij al zijn dieren naar Apeldoorn verhuisd: Kaapsche ezels, papegaaien en een echte orang-oetan. Er waren een beer en een struisvogel. En ook twee jonge… olifanten. Precies toen Johanna werd geboren, negen jaar geleden, heeft de stadhouder van zijn admiraal twee olifanten gekregen. Olifanten! Levende! Nergens in Europa kun je echte olifanten zien, maar hier in Apeldoorn wonen er zelfs twee. Zo lang als Johanna leeft, zijn ze er al. Daarom is ze dol op die twee grote, grijze wonderen met hun slurfen – ze kent ze tenslotte al haar hele leven. De soldaten van de admiraal hebben ze gevangen in Ceylon bij India en cadeau gedaan aan de leider van de Republiek der Nederlanden: stadhouder Willem V. Hij is de baas van het land.

De olifanten heten Hans en Parkie. Ze waren pas één toen ze werden gevangen. Ze horen bij elkaar en ze houden van elkaar. Dat kun je duidelijk merken en dat is ZO lief om te zien. De oppasser laat ze vaak samen wandelen in de bossen bij Het Loo, in de Kroondomeinen. Af en toe gaat hij zelfs met ze wandelen door het dorp.
Een bekijks dat ze dan hebben!
Als het lukt, is Johanna er ook om vanuit de verte naar ze te kijken. Dat mag zij dus gewoon. Zeg maar. Als niemand het in de gaten heeft. Ahum.
De rellen rond Den Haag kwamen van de mensen die de macht van stadhouder Willem V wilden verkleinen. Zulke mensen zijn er nog steeds. Ze willen meebeslissen over wat er gebeurt in het land, zij heten de patriotten.

Een lastig woord, maar als je het een paar keer oefent, lukt het wel – het is Johanna tenslotte ook gelukt, dus zij kan het weten.
Helaas heeft het voor de stadhouder weinig geholpen om zijn dierentuin naar Apeldoorn te verhuizen. Want vorig jaar zijn de patriotten alsnog aan de macht gekomen, zij werden geholpen door de Fransen. Stadhouder Willem V moest zelfs vluchten naar Engeland. Het heeft ertoe geleid dat Nederland nu de Bataafse Republiek heet, in plaats van de Republiek der Nederlanden. Dus ja, nu zijn ze eigenlijk ingenomen door de Fransen. Nu zijn ze allemaal Bataven: Johanna, haar broertjes en zusjes, plus haar ouders.
In paleis Het Loo woonden de Franse soldaten en weet je wat die deden?
Zij begonnen dus de dierentuin van Willem V op te eten. Op. Te. Eten. Echt waar. Ze namen de vogels – óók de papegaaien – en brachten ze naar de keuken. Johanna's moeder wist zich geen raad: moest ze nu een hele dierentuin gaan koken?

Thuis sprak haar moeder er weleens bezorgd over. Ten eerste vond ze het zielig voor de dieren, maar daarnaast maakte ze zich ook zorgen om haar baan. Gebakken orang-oetan, hoe zou dat smaken?
Als de mensen het vies vonden, zou ze haar werk verliezen. Terwijl ze met zoveel kinderen juist elke penning hard nodig had.
Zo ver kwam het niet, maar helaas gebeurde er wel iets anders....
Alle dieren werden naar Frankrijk gebracht. De Fransen vonden de menagerie zo bijzonder, dat ze die zelf wilden hebben. Het was hun oorlogsbuit. De verhuizing gebeurde in de zomer van 1796 – maar voor Johanna was het gewoon 'nu'. Ze moest van haar moeder binnenblijven, maar ze kon het niet laten.
Ze is gaan kijken.
Tien legerwagens reden van het terrein af: houten karren die in totaal door wel veertig paarden werden getrokken.
Het was een ongelooflijk gezicht. Veertien ruiters begeleidden de paarden en die trokken op hun beurt de karren met bijzondere vogels, een angora geit (met heel lange krulletjes) en een hinde, een hert en nog veel meer.

Maar olifant Hans? Voor hem werd speciaal een groot hok gemaakt en daar... brak hij uit. Hij wilde bij Parkie zijn en holde naar haar toe – terwijl de Fransen gillend van angst wegrenden. Toen Johanna dat zag, vanuit de verte, verstopt achter een boom, lachte ze hardop om die bange Fransen.
Maar intussen stroomden ook de tranen over haar wangen. Wát zou ze deze dieren gaan missen...
In de herfst probeerden de Fransen het weer. Dit keer wist Johanna, via haar moeder, dat ze het opnieuw zouden proberen. Daarom was ze extra vroeg opgestaan. Hans bleef deze keer in zijn hok. De paarden kregen het in beweging... Ze gingen een stukje langs wat bomen van Het Loo... Ze raakten een hek. En... het hok viel om! Met Hans erin! Hij trompetterde van schrik het hele bos bij elkaar. Natuurlijk was het zielig, maar het zag er tegelijk zó grappig uit.

Op haar verstopplekje, achter een dikke eikenboom, kreeg Johanna de slappe lach. Maar weet je wat het is met de slappe lach: hoe meer het verboden is, hoe erger het wordt. Uiteindelijk is ze hikkend en proestend het bos uit gerend.

Toen de olifantenwagen eenmaal was gerepareerd, vier dagen later, was het te koud geworden om het dat jaar nog te proberen. Hans en Parkie mochten terug naar hun eigen plek, de Olifantenschuur.

Maar vandaag is het anders. Bijna een vol jaar later. Johanna is allang tien jaar, al bijna elf!
Ze zal binnenkort haar eerste baantje krijgen.
Via de oppasser had ze gehoord dat de Fransen extra sterke wielen onder de wagen aan het plaatsen waren. De wielen die normaal worden gebruikt om kanonnen op hun plaats te houden. Wielen uit het leger.
Dit keer lukt het. De paarden brengen de olifantenwagens in beweging. Hans blijft rustig staan en ook Parkie breekt niet uit haar hok.
De wielen komen in beweging... Ze botsen niet tegen een hek. Ze vallen niet om.
De ruiters leiden hun paard-en-wagens over het pad, van het Kroondomein af. Achter haar boom snikt Johanna en ze fluistert zachtjes:
'Dag lieve Hans, en dag lieve Parkie.'
Zo blijft ze staan...

De wagens zijn al uren geleden voorbijgegaan. De oppasser heeft de menagerie op slot gedaan voordat hij naar huis slofte, met gebogen schouders. De zon gaat onder, het wordt snel koud in het bos. Pas als ze een rilling over haar rug voelt, komt Johanna in beweging. Ze gaat naar huis. Flesjes met pap maken voor de kleintjes. Hans en Parkie zijn naar Parijs...

TAAL

Stadhouder = Een man die de leiding heeft over één (of meerdere) provincie(s).
Republiek = Een land waarvan de leider wordt gekozen.
Patriotten = Mensen die willen dat de stadhouder minder macht heeft en dat de gewone mensen mogen meebeslissen over het land.
Bataven = Patriotten. Zij zijn tegen de macht van koningen en stadhouders en willen vrijheid en gelijkheid voor burgers.
Generaal = De leider van het leger.

5 BEZOEKEN

Paleis het Loo

TAAL

Menagerie = Voorloper van de moderne dierentuin.
Oppasser = de verzorger van de dieren.
Kaapse ezels = Zebra's.
Penning = Geld.

WEETJE

In Parijs, Frankrijk, wilden zóveel mensen de Hollandse olifanten bekijken, dat het te druk werd. Om het rustiger te krijgen zijn ze toen geld gaan vragen voor toegang. Hierdoor ontstond de moderne dierentuin.

5 BEZOEKEN

Fruitbedrijf Bouwman

UITLEG

De Bataafse Republiek heeft maar elf jaar bestaan, van 1795-1806. De broer van generaal Napoleon, Lodewijk Napoleon, wordt benoemd tot eerste koning van Nederland – en hij gaat wonen in Paleis Het Loo. De Fransen worden in 1813 verdreven en de zoon van de vroegere stadhouder Willem V komt nu aan de macht. In 1815 ontstaat dan het Koninkrijk der Nederlanden met Willem I als koning.

MEER WETEN?

6

HET BOS HEEFT GEEN KLOK

Willem Röntgen, Apeldoorn als ontmoetingsplaats

Willem is tien jaar als hij zijn huis aan de Dorpstraat verlaat. Hij moet naar school en zal er op tijd aankomen – dat is heus de bedoeling. Het is maar zeven minuten lopen: rechtdoor zijn huis uit, over het zandpad naar landgoed De Pasch waar de jongensschool is.

Volwassenen mopperen weleens over het pand waar Willem les krijgt. Ja, het schoolgebouw is duidelijk aan een opfrisbeurt toe. De jongensschool geeft goed onderwijs, het hoogste niveau dat in Apeldoorn mogelijk is. Daar hoort een net gebouw bij, vinden de mensen, ook omdat het een kostschool is – het betekent dat sommige jongens er tijdens het schooljaar wonen.

Nu de koning in Apeldoorn woont, koning Willem III, kan het niet zo zijn dat een Apeldoorns landgoed slecht wordt verzorgd – zulke dingen zeggen de mensen. Het maakt de jonge Willem niet uit. Hij vindt het heerlijk om over de zandweg te banjeren. Hij geniet van de moddersporen op zijn route, en de sloten vol oud blad.

Het is echt zijn bedoeling om op tijd in de les te zijn, maar hij wil nog één kleine omweg maken, eentje maar. Het kost slechts een paar minuutjes als hij niet rechtstreeks naar het landgoed wandelt, maar eerst een stukje door de bossen gaat. Onderweg is er verder niets te zien. Het Oranjepark bestaat nog niet en de Regentesselaan heet Middellaan. Woonwijk De Parken bestaat niet. Het is allemaal bos. Alleen landgoed De Pasch is er, met de jongensschool, en slechts één arbeider die het hele land moet bewerken – de mensen vinden het een schande.

Het is het jaar 1855, maar voor Willem is het gewoon 'nu'. Hij is tevreden dat zijn ouders naar Apeldoorn zijn verhuisd. Zijn moeder is een Nederlandse, maar zijn vader is Duits. Zelf is Willem geboren in de Duitse staat Pruisen, maar daar weet hij niks meer van. Hij was pas drie jaar oud toen hij in Apeldoorn kwam wonen, en hij vindt het heerlijk. De familie van zijn moeder woont in de buurt, hij heeft ooms en tantes in Apeldoorn, Deventer, Ede en Kampen. Dus ja, dat is gezellig.

In het jaar van de verhuizing, 1848, waren er in bijna alle landen van Europa opstanden, de revolutie. Overal vonden de burgers dat de elite meer rekening moest houden met gewone mensen. Er braken bloedige gevechten uit, in Italië, Duitsland en Frankrijk...

Willem weet dit uit de gesprekken van zijn ouders. Voor het bedrijf van zijn vader was de vele oproer niet goed, en in Nederland ging het er kalmer aan toe. In Nederland moest koning Willem II goedkeuren dat zijn macht werd verminderd. Eerst wilde hij er niet aan meewerken en zijn zoon Willem III weigerde een tijdje om koning te worden als hij geen macht kreeg. Maar toch heeft hij het gedaan, en net als Willems ouders is de koning in Apeldoorn gaan wonen, in paleis Het Loo.

Hier is het goed, de natuur is fijn. Het bos begint vlak bij zijn huis. Omdat er zoveel eikenbomen in het bos staan, gebeuren er bijzondere dingen op de bodem. De eikenbladeren verteren moeilijk, zowel die van de zomer- als de wintereik. Hij wandelt er graag heen om insecten in beweging te zien. Het enige is, dat hij daardoor nog weleens vergeet wat hij éigenlijk moest doen... Zoals op tijd naar school gaan...

Daarnaast houdt Willem van de vele beukenbomen die hun nootjes loslaten. Dan verzamelt hij een broekzak vol nootjes om tijdens de les te eten.

Natuurlijk zet hij de napjes graag op zijn neus – wie niet! Vandaag zal hij niet te lang in de bossen blijven, want hij moet naar school...

Het kind van de koning is doodgegaan, Maurits. Hij was nog maar zes jaar oud, het gebeurde vijf jaar geleden. Willems ouders spraken er verdrietig over en leefden erg mee met het koningshuis. Maar nu, in 1855, scheiden de koning en zijn vrouw van tafel en bed.
Willems moeder vindt het fijn voor de koningin dat ze afstand mag nemen, want eerder is haar dat geweigerd.
Maar zijn vader vindt dat een vrouw te allen tijde aan de zijde van haar man moet blijven – hoe bruut hij misschien ook is, en hoe vaak hij ook vreemdgaat.
Zelf is de vader van Willem totaal niet bruut. Hij vindt het prima dat zijn zoon geregeld de tijd vergeet. 'Je moet ook kunnen dromen,' knikt hij dan. Hij weet het dan nog niet, maar de kleine Willem zal wereldberoemd worden op zijn vijftigste levensjaar.

DIT IS WAT ER ZAL GEBEUREN:

1. WILLEM IS AL JONG EEN GOEDE STUDENT, MAAR HELAAS IS HET DIPLOMA VAN DE APELDOORNSE JONGENSSCHOOL NIET 'HOOG' GENOEG OM TE KUNNEN STUDEREN – HIJ MIST LATIJN EN GRIEKS.

2. HIJ GAAT NAAR DE TECHNISCHE SCHOOL IN UTRECHT, MAAR DAAR WORDT HIJ IN 1864 VANAF GESTUURD.

3. UITEINDELIJK WIJKT HIJ IN 1865 UIT NAAR EEN STUDIE IN ZWITSERLAND, ZÜRICH, WAAR HIJ WEL DOOR MAG LEREN MET HET DIPLOMA DAT HIJ HEEFT. HIER WORDT HIJ VERLIEFD OP ANNA BERTHA LUDWIG.

4. ZIJN ZWITSERSE VRIENDEN NOEMEN HEM APPELDORN, EEN VROLIJKE BIJNAAM. WILLEM PRAAT EEN LEVEN LANG DUITS MET EEN NEDERLANDS ACCENT.

5. HIJ KOMT IN 1872 TERUG OM IN APELDOORN MET BERTHA TE TROUWEN.

6. IN HETZELFDE JAAR VRAAGT WILLEM TOESTEMMING AAN KONING WILLEM III OM IN APELDOORN LERAAR TE WORDEN OP DE MIDDELBARE SCHOOL – DIE KRIJGT HIJ.

7. MAAR ZIJN ZWITSERSE PROFESSOR VRAAGT HEM OM ZIJN ASSISTENT TE WORDEN. TEGELIJK KAN HIJ WERKEN AAN ZIJN EIGEN PROMOTIE-STUDIE IN DE NATUURKUNDE. DAT DOET HIJ...

8. HIJ VOLGT ZIJN PROFESSOR NAAR DUITSLAND EN WORDT ER OOK HOOGLERAAR. DAARNAAST BLIJFT HIJ VERSCHILLENDE ONDERZOEKEN DOEN.

Er gebeurt iets geks tijdens een onderzoek. Kristallen die verderop op tafel liggen, lichten op… Eigenlijk moet Willem dat niet onderzoeken – dat doen zijn collega's ook niet terwijl iedereen weleens zoiets ziet.
Nee, Willem moet zich richten op de glazen buizen waarmee hij hoogspanning moet opwekken. Maar net als vroeger in de bossen van Apeldoorn, verliest hij zich in wat hij tegenkomt.
Waar komen die lichtverschijnselen vandaan…? Zelfs als hij de glazen buizen afdekt met zwart karton, is er nog steeds die straling…
Het duurt zeven weken. Zo lang sluit Willem zich op om te onderzoeken wat de wonderlijke stralen zijn die vrijkomen bij het opwekken van de spanning in de glazen buizen.

Hij noemt het: X-straling, een onbekende straling. Hij ontdekt dat de lichtbundels door zachte materialen gaan, zoals papier en textiel. Als hij op een dag zijn eigen skelet ziet, werkt hij in het geheim verder. Dit is zo bizar, hij vreest dat niemand hem nog serieus zal nemen als hij vertelt wat hij heeft gezien.

Na zes weken onderzoek, maakt hij een foto van Bertha's hand, zijn vrouw.
Zij ziet haar handbotjes en trouwring en roept:
'Ik heb mijn dood gezien!'
Nog een week later publiceert Willem Röntgen de uitkomst van het onderzoek dat hem wereldberoemd zal maken.
Het is 28 december 1895.

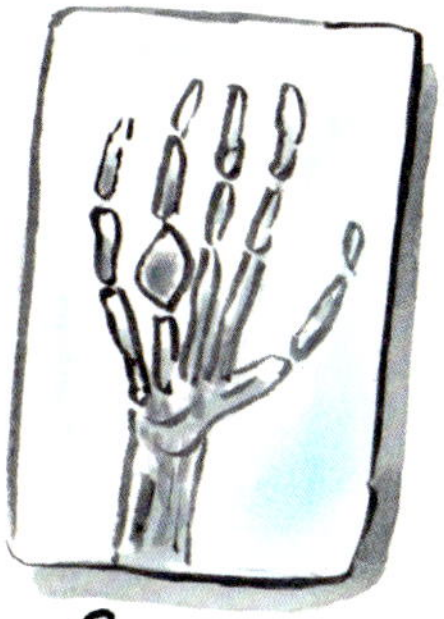
foto van Bertha's hand

Maar zo ver is het nu nog niet, in 1855. Het enige wat hij nu weet, is dat er drie padden onder een eikenblad tevoorschijn komen. Er was een salamandertje dat hem te snel af is.
En hij weet... dat het tijd is voor school! Snel haast hij zich naar het landgoed De Pasch, waar hij vlak voor de laatste bel naar binnen rent.

9 IN 1901 KRIJGT HIJ DE ALLEREERSTE NOBELPRIJS VOOR NATUURKUNDE.

10 HIJ BLIJFT EEN LEVEN LANG NATUURLIEFHEBBER.

11 HIJ IS NOG ALTIJD WERELDBEROEMD. ZIJN UITVINDING WORDT GEBRUIKT IN ZIEKENHUIZEN, MAAR OOK BIJ DOUANES (ALS JE KOFFER DOOR DE SCANNER GAAT) EN BIJ HET RESTAUREREN VAN BELANGRIJKE SCHILDERIJEN ALS DE NACHTWACHT.

WEETJE

In het Gelre ziekenhuis Apeldoorn vind je twee borstbeelden van Willem Röntgen.

BEZOEKEN

6

Het huis waar Willem opgroeide, is er nog, aan de Hoofdstraat 171. Tegenwoordig zit er een café in het pand. Achter de toog, aan de binnenkant, zit nog de Eerste Steen die door Willem Röntgen werd gelegd toen hij vijf jaar was, voor de bouw van het huis.

UITLEG

Landgoed De Pasch werd in 1874 verkocht aan import-Apeldoorner H.C. van der Houven Van Oordt. Hij liet er het Oranjepark aanleggen en droeg het park in 1876 over aan de gemeente Apeldoorn. Koning Willem III heeft officiële toestemming gegeven voor de naam Oranjepark. Op de plaats van de oude jongenskostschool vind je nu Het Inspiratiehuis aan Regentesselaan 8.

WEETJE

Als Willem Röntgen aan het werk was, was zijn bijnaam 'de Apeldoorner'. Niet gek dat hij in 2004 bij een verkiezing dan ook is uitgeroepen tot Grootste Apeldoorner aller tijden.

WEETJE

Koning Willem III trouwde op latere leeftijd opnieuw met de Duitse prinses Emma van Waldeck-Pyrmont. In 1880 werd hun dochter Wilhelmina geboren. Zij zou haar vader opvolgen op de troon.

MEER WETEN? →

7

CORNELIS RENT EN RENT

Dorpstraat wordt Hoofdstraat, padvinderij

Cornelis rent over de Loolaan. Hij rent en rent – hij weet dat hij voorzichtig moet zijn, maar het is té spannend! Hij is uitgekozen! Hij hoort erbij!

'Vader,' hijgt hij – ook al is hij nog lang niet bij het raadhuis waar zijn vader een vergadering bijwoont. Het is een belangrijke vergadering, zijn vader spreekt al twee weken lang elke avond over het onderwerp, tijdens het eten.

Meestal luistert Cornelis wel naar de gesprekken van zijn ouders, of, nou ja: hij probeert het. Maar de laatste tijd zat zijn hoofd vol met enthousiasme over zijn nieuwe vereniging: de padvinders.

De padvinderij is iets nieuws.
Het is naar Nederland gebracht door
sportleraren en er worden elementen uit het
leger bij gebruikt. Daarom is niet iedereen enthousiast
over deze nieuwe beweging, maar het is juist superleuk!
Ze gaan hutten bouwen, vuur maken en marcheren met vlaggen.
Cornelis heeft de officiële kleding al gekregen, die lijkt op het
uniform van een soldaat. Hij vindt het prachtig. Binnenkort mag
hij op zijn erewoord trouw zweren aan de padvinders en daarna
hoort hij er echt bij. Daar gaat zijn nieuws dus over! Hij heeft een
geweldig nieuwtje te vertellen!

Ja, omdat hij zo met zijn hoofd bij de padvinderij was, is hij vergeten hoe belangrijk de vergadering van zijn vader is. Maar goed, het kan niet belangrijker zijn dan zijn nieuws – dat bestaat niet.

'Vader, moet u horen...' Hij begint gewoon alvast te vertellen, ook al is hij nog onderweg. Het móét eruit. Hij is zo enthousiast dat hij het niet kan binnenhouden. Hij struikelt bijna over zijn eigen voeten, maar hij houdt vol. Langs het huis waar vroeger de familie Röntgen woonde, dat is de wereldberoemde wetenschapper, rent hij de Dorpstraat in.
Hij weet niet meer waarom zijn vader bij de gemeenteraad is, anders zou hij misschien liever naar huis zijn gerend. Zijn moeder heeft vaak geen tijd om te luisteren, zij is druk met de kleintjes en het bestieren van het huishouden. Maar de dienstmeid luistert altijd, zij voedt hem tenslotte grotendeels op.

Intussen is zijn vader (die heet Jacobus) vergeten dat zijn zoon naar de padvinderij moest. Hij denkt totaal niet aan padvinderij, of aan zijn zoon, en hij denkt nu sowieso niet aan zijn gezin. Ook denkt hij niet aan zijn drukke zaak, de goedlopende apotheek in de Dorpstraat. Hij denkt maar aan één ding: de Dorpstraat moet Dorpstraat blijven!
Dit is er aan de hand: een paar bewoners hebben aan de burgemeester gevraagd om de naam te veranderen in Hoofdstraat. De heer Vaessen van de modezaak wil het, bijvoorbeeld, en de heer Simons en Mollerus willen de wijziging ook graag, net als mijnheer De Bruin die de slagerij runt. Normaal zijn het goede vrienden van zijn vader, Cornelis kent ze wel en hij haalt geregeld boodschapjes in hun winkels. Ze zeggen dat Apeldoorn geen dorp meer is, maar een stad. Daarom moet de naam worden veranderd. Sommige bewoners vinden 'Dorpstraat' te dorps klinken. Meneer Simons zegt dat de straat recht heeft op een naam met een meer stads karakter.

De burgemeester vindt het geen gek idee: inderdaad wordt Apeldoorn een steeds drukkere plaats – de krant schrijft het ook, dus dan is het waar. Door de wereldoorlog gaan mensen niet meer in het buitenland op vakantie, maar waar gaan ze graag naartoe? Naar Apeldoorn op de Veluwe.
Een journalist schrijft gretig mee met het gesprek. Dat vindt de burgemeester wel prettig, op deze manier weten straks nog meer mensen hoe aantrekkelijk zijn stad wel is.
In de avonden is het erg druk geworden in het centrum, daar is iedereen het over eens.
Een toerist uit Amsterdam heeft hardop gezegd dat de Dorpstraat zelfs lijkt op de drukke Kalverstraat in de hoofdstad. Daar zijn veel winkeliers tevreden mee.
Ja, ze willen wel graag een minder bescheiden naam voor hun straat.

Architect Wegerif

Maar nee, de vader van Cornelis is het er niet mee eens! Hij wil de straat in ere houden zoals die is. Hij zegt dat de naam Dorpstraat mooi laat zien wat de geschiedenis van Apeldoorn is: een dorps leven.
Met 23 mannen bespreken ze de toekomst van de straat. De vader van Cornelis heeft rode wangen van de inspanning. 'Wie zegt dat het centrum van de stad altijd hier zal zijn?' vraagt hij. 'Als dat ooit verandert, heb je ineens een Hoofdstraat die helemaal niet de belangrijkste straat van de stad is.' Dat vindt de vader van Cornelis óók slecht aan het plan.
Ook de heer Wegerif is ertegen, de belangrijke architect, en de heer Dekker spreekt zich eveneens uit tegen de naamsverandering.
Cornelis denkt hier niet bij na. Die is al zo'n eind aan het rennen, dat hij sowieso bijna niet meer kan denken. Vanaf de Jachtlaan tot aan het gemeentehuis, het lijkt wel een marathon!

Zijn wangen zijn al net zo rood als die van zijn vader. Bij hem komt het óók van de inspanning, net als bij zijn vader, maar ook van opwinding over het geweldige nieuws.
Het is het jaar 1917, maar voor Cornelis en zijn vader is het gewoon 'nu'. Bij de gemeenteraad loopt het hoog op. 'Het is nou eenmaal niet nodig om te veranderen,' zegt de heer Wegerif. 'De naam is goed genoeg.' In zijn notitieblok schrijft de journalist mee.
De voorzitter van de vergadering zegt dat ze moeten stemmen. Dat doen ze, alle 23 mannen. De een is voor, de ander is tegen... Uiteindelijk zijn elf mensen tegen, en twaalf mensen zijn vóór het aanpassen van de naam. Met slechts één stem verschil wordt de Dorpstraat omgedoopt tot Hoofdstraat.

In De Nieuwe Apeldoornsche Courant schrijft de journalist: 'Het „Dorpsche" is uit den naam, wanneer het dorpsche nu ook maar uit de straat komt.'
Bij de deur van het raadhuis is Cornelis tegengehouden. Noodgedwongen blijft hij buiten wachten. Ongedurig hupt hij van zijn ene op zijn andere been. Wat duurt het lang voordat zijn vader naar buiten komt! Eindelijk ziet hij hem, eindelijk!
'Nu niet, jongen,' zegt zijn vader, maar Cornelis houdt het niet langer.
Hij zegt juichend: 'Ik mag inzweren op het paleis!'
'Wat zeg je?' vraagt zijn vader vermoeid. Hij zet zijn hoed op en wandelt naar de Dorpstraat die voortaan Hoofdstraat zal heten. Daar is hun winkel en daar zijn alle winkels. Steeds luxer wordt het hier en iedereen verdient er een goede boterham. Maar een dorp zijn ze toch en zullen ze altijd blijven.

Cornelis schuift zijn hand in die van zijn vader en gaat verder: 'Prins Hendrik nodigt ons uit. Alle nieuwe jongens mogen hun erewoord zweren in paleis Het Loo.'
Ineens stopt zijn vader met lopen. Hij kijkt hem verbaasd aan. 'Wat zeg je, jongen?'
'Het is nog geheim,' zegt Cornelis met een brede, brede lach op zijn gezicht. 'Alle nieuwe jongens mogen hun trouw zweren waar de prins bij is.'
'De Koninklijke Hoogheid de Prins der Nederlanden, bedoel je de man van koningin Wilhelmina?'
Cornelis knikt zijn hoofd zo driftig op en neer, dat zijn kaken er bijna van beginnen te klepperen.

Prins Hendrik

Dan legt zijn vader een hand op zijn schouder. 'Dat is zeker goed nieuws, jongen, zullen we het aan moeder gaan vertellen?' Nog steeds knikt Cornelis alsof zijn hoofd een klikkerspeeltje is geworden.
'Hoe was het bij u?' vraagt Cornelis.
Zijn vader schudt vermoeid het hoofd.
'Dat vertel ik een andere keer, jongen.' Hij besluit lekkere moppen te kopen voor alle kinderen die thuis op ze wachten, en natuurlijk ook voor Cornelis.

TAAL

Padvinderij = Scouting.

Moppen = Harde koekjes.

'Het „Dorpsche" is uit den naam, wanneer het dorpsche nu ook maar uit de straat komt.' = Het dorpse is uit de naam, als het dorpse nu ook maar uit de straat/mensen gaat.

WEETJE

Aan het eind van de 19e eeuw had Apeldoorn 20.000 inwoners, aan het begin van de Tweede Wereldoorlog, in 1940, was dat al 75.000 inwoners.

BEZOEKEN

7

Het Raadhuisplein, Apeldoorn

UITLEG

Totdat Nederland een koninkrijk werd, kon een plaats van een lokale edele, zoals de Graaf van Gelre, stadsrechten krijgen. Apeldoorn was toen alleen nog geen centrale plaats, maar een dorpje met een paar duizend inwoners. De Hooge Heerlijckheid het Loo kreeg wel bijzondere rechten. Uit deze Hooge Heerlijckheid is uiteindelijk de gemeente Apeldoorn ontstaan. Daarom zijn we een stad met heel veel natuur en mooie dorpen om ons heen.

WEETJE

Tot op heden leeft er onder Apeldoorners de discussie: zijn we nou een dorp of een stad? Sinds 1917, bij het omdopen van de Dorpstraat naar de Hoofdstraat, is Apeldoorn officieel een stad geworden, maar daar is nog steeds niet iedereen het mee eens. Sommige mensen noemen Apeldoorn dan ook wel een storp: een stad met een dorps karakter.

MEER WETEN?

8

GEHAKTBALLEN VOOR MARIA

Tweede Wereldoorlog, Seyss-Inquart

Elke dag is Maria zenuwachtig. Ze heeft niets te doen en ze verveelt zich stierlijk, maar toch is ze nerveus. Elke dag leeft ze met dat gevoel. Stress in haar maag en onrust in haar hoofd. Wát duurt de oorlog lang... Eerlijk gezegd weet ze niet eens precies hoe die begon, ineens was het zo. Midden in de nacht vlogen er vliegtuigen boven Apeldoorn. Maria schrok wakker van het lawaai, ze dacht zelfs dat het huis instortte. Ze rende naar buiten, waar ook haar vader stond – ze vloog panisch in zijn armen. De lucht zag zwart van de vliegtuigen. Tientallen waren het er, wel hónderden.

De Duitsers vielen Nederland binnen, het was 10 mei. Haar vader had haar opgetild, maar hij zei verder niks. Hij stond als bevroren naar de lucht te staren. Op de stoep. Huilend. De tranen biggelden van zijn kin. Ze was nog jong, zes jaar, maar ze begreep goed dat er iets vreselijks gebeurde. Die nacht, dat was het moment waarop ze 'groot' werd. 's Ochtends kwam het bericht dat alle scholen, ook haar school, tot nader order gesloten bleven.
De hele ochtend hoorden ze knallen in de verte. Via de radio begrepen ze dat alle bruggen over het Apeldoornse Kanaal werden opgeblazen zodat de Duitsers er niet meer overheen konden.

Maria ging die dag onder de tafel liggen omdat ze bang was dat de ramen zouden springen en dat de muren zouden instorten. 'Eeuwenoude bruggen waren het,' zei papa verdrietig – maar er zou nog veel meer verdriet komen.
Ze zat pas in de tweede klas van school 20 toen er steeds vaker kinderen zomaar weg-bleven. Even dacht ze dat het normaal was, maar dat duurde maar kort omdat de juf steeds huilde als zoiets gebeurde. Daniël verdween en David ook.

Toen haar vriendinnetje Hannah wegbleef, hoorde Maria iets fluisteren over 'onderduiken', maar zelf dacht ze dat Hannah gauw zou komen spelen. Dat is niet gebeurd...

Thuis bleef de radio steeds langer aan zodat haar ouders naar het nieuws konden luisteren. Mama was zwanger, maar het gesprek ging bijna nooit meer over het kindje. Haar vader en moeder kregen een bezorgde blik in hun ogen...
Mama raakte afwezig en liet de aardappelen aanbranden. Papa zat steeds langer zwijgend in zijn stoel. De nieuwe baby kwam en ze werd Irene genoemd, naar de prinses.
Kleine Irene lag vaak huilend in haar wiegje terwijl mama probeerde de ruiten te beschermen met een stuk tape.

Nu, vier jaar later wacht Maria op haar vader. Ze is allang tien geworden. Het is 1944 maar voor haar is het gewoon 'nu'. Alles is alleen maar erger geworden...

Sinds kort is de baas van de nazi's in Nederland komen wonen, in de bossen bij Beekbergen. Elke dag komt hij naar Apeldoorn om aan de Loolaan te werken. De nazi's zijn de vijand, ze hebben de controle over Nederland gepakt. Nog steeds vliegen er elke nacht vliegtuigen over de stad.
Duitse soldaten gebruiken paleis Het Loo om in te wonen, ze pakken ieder huis dat ze maar willen – en als mensen klagen, worden ze naar een werkkamp gestuurd. Van haar schoolvriendinnetje Hannah heeft Maria nooit meer iets gehoord. In haar huis wonen nu zes Duitse soldaten. Ze schijnen veel lawaai en troep te maken, maar Maria mag er van haar moeder niet gaan kijken.

Seys-Inquart

Die Duitse baas van Nederland heet Seyss-Inquart, en iedereen noemt hem 'Zes en een kwart' vanwege zijn rare naam en omdat hij mank loopt. Aan de Loolaan heeft hij een gebouw ingepikt. Daar werkt hij. De hele laan is met prikkeldraad afgesloten, zodat de Apeldoorners er niet bij kunnen. Maar vader moet er dus gewoon heen. Hij moet de muren witten in het werkhuis van de allergrootste vijand. Niemand zou dat durven weigeren...

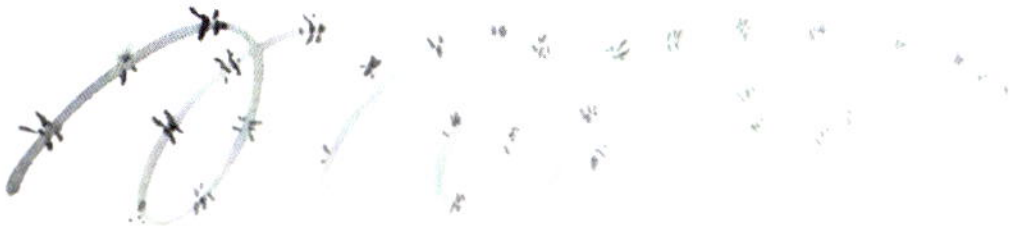
prikkeldraad

Koffie

bunker op de Loolaan

In de voortuin heeft 'Zes en een kwart' een gigantische bunker laten aanleggen waarin hij kan schuilen bij een luchtaanval. Maar waar zou vader heen moeten als zoiets gebeurde?
Alles is alleen maar erger geworden...
Veel mensen zijn de afgelopen jaren doodgeschoten. In één nacht werden meer dan duizend kinderen en volwassenen afgevoerd; die van de instelling Het Apeldoornse Bosch.
Om dat nieuws heeft moeder wekenlang mopperig haar hoofd geschud. Zes mensen uit het verzet en twee piloten zijn gedood en in het centrum van Apeldoorn neergelegd. Dit moest anderen afschrikken om zich niet voor dwangarbeid te melden. Ook als Maria er niet aan wil denken, zit het toch in haar hoofd...
Ze herinnert zich hoe saai ze vroeger de dagen vond waarop ze niet mochten praten omdat de radio aanstond. Nu zou ze willen dat de radio er nog was... Twee jaar geleden moest iedereen hem wegdoen van de Duitsers.
Haar ouders ook. Koningin Wilhelmina gaf berichten van steun via de radio, daar mochten ze van de nazi's niet langer naar luisteren. Soms gooien vliegtuigen strooibiljetten met daarop het laatste nieuws, dan rent Maria naar buiten om er een uit de lucht te vangen.

Ja! Daar hoort ze de deur! Vader! Hij is terug! Maria springt op, maar ze wacht netjes tot hij binnenkomt. 'Vader!' roept ook de kleine Irene – maar mama snelt voor hen uit.
'Wat is er met jou gebeurd?' vraagt ze geschrokken. Meteen voelt Maria hoe de stress alweer langs haar nek omhoogkruipt.
Wat is er mis? Is er weer iemand verdwenen?

Wordt papa naar een werkkamp gestuurd?
Vader zet zijn emmer witsel op de keukentafel – dat doet hij normaal nooit – en slaakt een zucht. 'Ik dacht even dat we er waren geweest...' fluistert hij. Dan begint hij te vertellen:
'De bewakers hielden ons de hele dag in de gaten. Gerardus en mij. Of we ons werk wel goed deden.'
Hij hapt naar adem en zegt: 'Ik weet niet hoe het kan, maar we hebben iets omgestoten. Geen idee wat. Ik dacht dat mijn laatste uur had geslagen...'
Moeder zet Irene op schoot en legt haar hand op die van vader.
Met een knik naar zijn emmer, zegt hij: 'Het viel hierin.'
'Wat viel erin?' vraagt moeder.
Haar vader haalt zijn schouders op. 'Geen idee. Ik durfde niks te zeggen.'
Moeder kijkt vader aan. Lange tijd is het stil. Dan grinnikt ze kort. Ze stroopt haar mouwen op en ook papa lacht even. Maria trekt haar wenkbrauwen op.
Moeder zet Irene op de grond en gaat staan. Ze zorgt ervoor dat haar jurk niet vies wordt, maar ze steekt wel haar handen in het witsel.

Nu lacht vader hoorbaar. 'Wat is het?'
'Iets hards,' zegt moeder. Ze houdt iets vast, een doosje of een blikje, waar de slierten witkalk vanaf druipen.
Irene trekt haar neus op. 'Dat is vies.'
Met een zakdoek wrijft moeder over het ding. Eerst giechelend, maar daarna valt haar mond open. Haar ogen worden groot als soepkommen. Haar wangen kleuren rood. Vol ongeloof fluistert ze: 'Gehaktballen!'
Papa juicht zo zacht hij kan: 'Gehaktballen!'
Irene begint te springen van plezier – maar moeder legt gauw een hand over haar mond.
Ze weten niet meer wie ze kunnen vertrouwen. Zelfs de vriendelijke buren kunnen hen aangeven bij de Duitsers.
Toch juicht Maria het hardst van allemaal. In zichzelf. Vanbinnen. Haar stress spat uit elkaar in feestelijke stukjes. Haar hongerige maag knort van plezier.
In de keuken draait moeder het blik open. Daarna eten ze met zijn vieren alles op. Een geluksmoment in een diep verdrietige tijd.

TAAL

Nazi = Een aanhanger van het nationaalsocialisme. Nazi's vochten met de Duitsers mee. Ook sommige Nederlandser waren nazi's.

Onderduiken = Je verbergen voor de vijand. In de Tweede Wereldoorlog werden veel Joden verborgen gehouden in kelders of op zolders.

Instelling = Organisatie in de gezondheidszorg.

Werkkamp = Een kamp waar mensen dwangarbeid moesten verrichten.

MEER WETEN?

8 BEZOEKEN

Bij Loolaan 554 kun je de bunker van Seyss-Inquart nog steeds zien liggen onder het grasveld in de voortuin, maar je kunt niet zomaar naar binnen. In het CODA VR Lab is de bunker van Seyss-Inquart nagebouwd en kun je hem wel (virtueel) bezoeken.

WEETJE

Op 17 april 1945 werd Apeldoorn bevrijd. Nazi-baas Seyss-Inquart werd na de oorlog veroordeeld tot de doodstraf en is op 16 oktober 1946 opgehangen.

WEETJE

Voor de oorlog hadden de scholen geen namen, maar nummers. School 20 stond in de Molenstraat.

WEETJE

Dit verhaal is gebaseerd op een waargebeurd verhaal. Adrianus Brüggemann was een jongen toen zijn vader de bunker van de nazibaas moest witten. Het gebeurde echt dat er per ongeluk blikken in de witkalk vielen. Voor Adrianus waren de gehaktballen een feestmaal. Toen ze eenmaal op het idee waren gebracht, hebben de stukadoors op deze manier nog vaker voedsel van de nazibaas gestolen.

9

DE KNOKKELS VAN JACOB

Groei van dorp naar stad, De Maten, Orpheus

In zijn gloednieuwe kamer pakt Jan de laatste verhuisdoos uit: speelgoed en leesboeken. Zijn grote broer Jacob doet hetzelfde in de kamer naast hem. Vanaf vandaag zijn ze echt verhuisd. Voortaan wonen ze in Apeldoorn.
Voor het eerst hebben ze allebei een eigen kamer, dat voelt nog een beetje vreemd, maar het is vooral FANTASTISCH. Eindelijk kan Jacob hem niet meer plagen met zijn rottige grapjes. Eindelijk kan hij niet meer met zijn knokkels over Jans hoofd wrijven tot het pijn doet. Rust, Jan heeft eindelijk rust!

Hij hoort zijn moeder roepen: 'Kom eens kijken, jongens?'
'Even wachten!' antwoordt Jan. Hij wil nog langer genieten van zijn tijd zonder Jacob.
'Dit wil je echt zien, hoor!' roept zijn moeder onderaan de trap. Haar stem klinkt hoog en een beetje nerveus. Zo klinkt ze vaker op verjaardagen, als ze graag wil dat alles feestelijk verloopt. Maar er is niemand jarig. Jacob wil niet weten waarom ze zenuwachtig klinkt…
Sinds ze zijn begonnen met afscheid nemen van hun vrienden in Den Haag, doet zijn moeder al gek. Ze is nerveus en soms huilt ze ineens omdat ze alles zo spannend vindt. Dus nee, Jan heeft geen haast om naar beneden te gaan. Hij geniet van zijn eigen kamer. Een éigen kamer. Zonder Jacob. Zalig. Hij laat zich languit op zijn bed vallen en slaakt een zucht van verlichting.
Vader heeft lang getwijfeld over deze verhuizing. Hij kon zijn baan bij de overheid houden als hij mee zou gaan naar Apeldoorn, want daar kwam het nieuwe kantoor te staan. Hier dus, op de Veluwe – en hier wonen ze vanaf nu.

PUSH

Eerst wilde zijn moeder niet te ver weg van haar familie wonen en zouden ze niet gaan. Maar toen bleek dat er meer gezinnen die ze kenden naar Apeldoorn verhuisden. Daardoor wilde zijn moeder het toch proberen.
Alle volwassenen hebben het over de grote kantoren van de overheid in Apeldoorn.
Het is op het nieuws en het staat in de krant.
Zelfs toen Jan op school vertelde dat hij zou verhuizen – hij is tien jaar dus hij zit in de vierde klas – vroeg zijn meester aan hem of vader soms een baan bij de belasting had aangenomen.
Het lijkt alsof iedereen in Apeldoorn wil wonen en werken. De vader van zijn vriend Ramon werkt bij Centraal Beheer. Die is beretrots op het geblokte pand waarin hij mag werken. Prinses Beatrix heeft het geopend, samen met haar man, dat was zelfs op het nieuws.

bloemkoolwijk

Bij de bakker praatte papa trots mee toen de mensen het hadden over het bedrijf Philips, dat in Apeldoorn een afdeling start die computers moet gaan ontwikkelen. Alsof hij er iets mee te maken heeft... Niks dus, hij gaat tenslotte bij de belastingdienst werken, maar goed.
Iedereen verhuist naar Apeldoorn. Het schijnt om duizenden mensen te gaan, maar Jan merkt er niks van. In zijn nieuwe buurt is het gewoon heerlijk rustig.
Het is het jaar 1974, maar voor Jan is het gewoon 'nu'. Het huis waarin hij woont, staat in een nieuwe wijk die De Maten heet. Een paar straten zijn al klaar en er komen er nog veel meer. Zijn huis staat in één lange straat waar allerlei vertakkingen aan zitten. Vader zegt dat het op een bloemkool lijkt, maar Jan denkt zelf meer aan een bloem. Aan het einde van elke vertakking zit een pleintje waar huizen omheen staan. Zo'n pleintje heet dus een woonerf, maar Jan zegt gewoon plein.

Kennelijk is het allemaal heel bijzonder. De allereerste bewoners van De Maten kregen zelfs een televisie cadeau van de gemeente.

Cadeau van de burgemeester

Die had Jan ook wel gewild! Zijn ouders hebben het over de tuin voor én achter, plus het heerlijke woonerf waaraan het huis ligt...
Ja, oké, dat is leuk.
Wat Jan betreft was één ding al genoeg om meteen mee te willen: zijn eigen kamer. Wat ligt hij er heerlijk. Zonder zijn broer Jacob die vier jaar ouder is en die allang een rotpuber is geworden.

Nadat zijn moeder riep, is Jacob meteen naar beneden gegaan.
'Wat is er, mam?' vroeg hij.
Jan zucht... Jacob is niet nieuwsgierig naar zijn moeder, hoor. Jacob hoopt die twee zingende zusjes te zien, De Karina's.
Vader kwam met een plaatje thuis, dat was toen, nadat hij een rondleiding had gekregen om Apeldoorn te bekijken. In een grote bus werden allerlei ouders rondgereden. Ze hadden de Julianatoren gezien en ook een maquette van de wijk waar ze nu wonen. Papa heeft het dus steeds over een bloemkoolwijk, maar dat klinkt voor Jan niet erg aantrekkelijk.

Er is speciaal een theater gebouwd voor alle nieuwe mensen die in Apeldoorn komen wonen en werken. Orpheus heet het – kennelijk heeft die naam iets met geschiedenis van cultuur te maken. Er zijn kindervoorstellingen en ja, dat zou Jan wel leuk vinden...

Maar zijn broer Jacob hoopt vooral die zingende zusjes te zien. Het zou kunnen, ze wonen hier tenslotte, net als Jan en zijn broer. Zodra de platenspeler is aangesloten, zal Jacob het lied wel weer grijsdraaien.

Zijn vriend Ronald komt binnenkort logeren en dan mogen ze naar de apen. Drie jaar geleden is hier een dierentuin geopend waar de apen los tussen de bezoekers lopen – dat is echt waar, hè!
Op het nieuws hebben ze gezien dat het waar is en vader kwam er tijdens de rondleiding ook langs.
'Toen ik de apen zag, dacht ik: hier moeten mijn eigen apen ook wonen. In Apendorp,' zegt zijn vader graag voor de grap. Jan haalt zijn schouders op en denkt: ha ha, erg leuk hoor, pap.

Intussen is Jacob nog steeds beneden. Waar blijft hij toch? Hij heeft nog niet irritant op Jans deur geklopt... Dus waar blijft hij? Niet dat Jan nieuwsgierig is... Op zich.
Nou, oké, hij wil het weten. Staan die zingende meisjes soms in de woonkamer? Heeft papa een aap meegekregen naar huis? Is zijn vriend Ramon al verhuisd en wonen ze nu vlak bij elkaar?
Hij stapt zijn bed af en opent zijn deur. Het is stil... Waar is iedereen? 'Hallo?' vraagt hij zachtjes – maar ze hebben hem heus niet alleen gelaten. Een beetje gespannen stapt hij de trap af. 'Mama?'
'Kom eens kijken,' zegt zijn moeder met nog steeds die vreemd hoge stem.

Als hij zijn neus om de hoek van de deur steekt, ziet hij Jacob op de grond zitten. Voor een beeldbuis. Het testbeeld, want overdag kun je helemaal geen televisie kijken. De mond van Jan valt open. 'Is dat...' Hij hapt naar lucht. 'Is dat een kleuren-tv?'
Blij knikt zijn moeder hem toe. 'Mooi hè?'
Verbaasd gaat Jan naast Jacob zitten op de grond. Ze kijken naar het testbeeld. Jan ziet groen en blauw en geel en roze... 'Nu kan ik de Engelse les van Conny en Walter in kleur zien,' zegt Jan vol bewondering.
'Nee joh, het gaat papa natuurlijk om het WK voetbal,' zegt Jacob. 'Dáárom heeft hij deze gekocht.' Hij neemt Jan in de houdgreep en wrijft met zijn knokkels over zijn hoofd. 'Au,' zegt Jan. 'Hou op – mama, hij doet het weer!'

Nederland!

WEETJE

In 1974 brachten twee zingende zusjes als zangduo De Karina's hun single 'Mañana' uit. Vanaf 1979 gingen de Apeldoornse meiden verder onder de naam Maywood. Zij werden erg beroemd, maar op dat moment waren zij al naar Friesland verhuisd.

TAAL

Maquette van de wijk = In het klein nagemaakt model van de wijk.

Bloemkoolwijk = Veel wijken uit de jaren 70 bestaan uit woonerven met groene beplanting eromheen. Als je zo'n wijk op de stadsplattegrond ziet, lijkt het net een bloemkool. Daarom heten zulke wijken ook wel bloemkoolwijken.

UITLEG

In De Maten wonen wel 35.000 mensen. Tussen de Tweede Wereldoorlog en de bouw van deze wijk was Apeldoorn een van de snelst groeiende steden van Nederland. Na de bouw van De Maten was de stad aan inwoneraantal verdubbeld ten opzichte van 1940 en woonden er bijna 150.000 mensen. Tegenwoordig is Apeldoorn de 11e stad van Nederland.

9

BEZOEKEN

Kinderboerderij De Maten. Deze kinderboerderij zit nog in een oude boerderij die hier al stond, voordat de wijk de Maten gebouwd werd.

WEETJE

Tussen 1970 en 1980 kreeg ongeveer 60% van de Nederlanders voor het eerst een kleurentelevisie.

WEETJE

Theater Orpheus is een van de vijf grootste schouwburgen van Nederland. Het theater is genoemd naar Orpheus, een figuur uit de Griekse mythologie (dat zijn verhalen over goden of halfgoden). Als Orpheus begon te zingen, kon niemand de goddelijke macht van zijn stem weerstaan.

MEER WETEN?

10

HET ANTWOORD VAN OPA

Park Berg en Bos, Boschvijver, Boschbad

Sophie rolt met haar ogen, maar ze zegt niks. Als haar grote zus zó doet, kun je maar beter niet reageren, anders heb je meteen ruzie. Sinds Eva twaalf is geworden en in de brugklas zit, kan ze vreselijk zijn, net zoals nu. 'Ik wil het klimbos in,' zegt ze.
'Straks mag dat,' knikt opa.

Opa Hendrik legt een picknickkleed op het gras van de speelweide. Straks komt oma Marga er ook bij, zij moest nog even wat doen op de school waar ze lesgeeft. Daarna neemt ze haar zelfgebakken Apeldoornse moppen mee.
Dat zijn koekjes die oma als kind altijd at, dat zegt ze tenminste.

Ze vindt het de lekkerste koekjes die er bestaan – ook al zijn ze bijna niet meer te koop. Voor oma maakt het niet uit, zij bakt ze zelf.
Straks neemt ze een doosje mee en als je er een wilt, moet je van haar een mop vertellen.
Sophie vindt dat een leuk spelletje.
'Dan wil ik naar de zwijnen,' zegt Eva.
'Straks zullen we wandelen,' knikt opa.
'Dan kunnen we langs de zwijnen.'
'Maar wat gaan we nu dan doen? Je hebt ook al gezegd dat we pas later naar de Apenheul gaan.' Eva zeurt en niemand die er iets van zegt.
Volgens mama is ze een puber geworden.
Nou, volgens Sophie is ze gewoon een drama!

Zelf gaat Sophie op het kleed zitten en ze pakt haar boek. Ze houdt van lezen en ze heeft net het boek van een Apeldoornse schrijfster gekregen. Maar als Eva zo blijft zeuren, lukt het niet erg om zich te concentreren. Mama heeft een zak chips in haar rugzak gestopt en Sophie mocht er een drinkflesje Icetea Green bij doen. (Eva heeft geen tas bij zich, ze was vanmorgen al dwars.)
Omdat hun ouders allebei moeten werken, neemt opa Hendrik ze mee naar Stadspark Berg en Bos. Sophie legt haar tas op het kleed.

'Nu doen we niks.' Met een kreun gaat opa naast Sophie zitten. Hij haalt een thermoskannetje koffie uit zijn tas. 'Even rust.'
'Ik wil geen rust. Rust is stom.'
'Ga toch maar zitten.' Opa klopt met zijn hand op het kleed, maar Eva blijft expres staan. 'Deze plek is bedoeld om te ontspannen, Eef,' begint opa. 'Kijk eens om je heen hoe mooi het hier is.'
'Heb ik al gezien.'
'Heb je op de grote vijver gelet waar we langs zijn gelopen toen we aankwamen? Daar heeft mijn vaders vader nog aan mee gegraven.'
Eva puft, maar Sophie veert op. 'De vijver?'
'De boschvijver, o ja. Met de hand gegraven hoor, in 1934. Mijn eigen vader was zelf nog een kleuter en zijn vader had geld nodig. Dat was dus mijn opa, jouw over-overgrootvader. Iedereen had in die jaren geld nodig, daarom werkten zoveel mensen mee. Gewoon met een schep in de hand, hoor. Anderen hadden kruiwagens bij zich om alle aarde af te voeren. Mijn opa vond het vreselijk en hij wilde de rest van zijn leven niet naar het park.'

Eva komt ertussen, ze staat rechtop met haar armen over elkaar. 'Gaan we nu dan varen op de vijver?'
'Stil nou!' zegt Sophie geïrriteerd. 'Opa vertelt toch!' Ze is de jongste zus, maar vandaag lijkt het wel of ze de oudste is. Waarom is Eva de hele tijd zo irritant? Volgens mama moet ze haar maar een beetje met rust laten, maar hallo zeg, dan mag Eva ook weleens normaal gaan doen.
Meteen reageert Eva hysterisch. 'Ik doe niks verkeerd, hoor!' Ze zwaait met haar armen.
'Ik vraag gewoon wat we in vredesnaam gaan doen. Ik verveel me namelijk kapot!'

In de verte klinkt gelach van een gezin dat met de frisbee overgooit. Het is net alsof Eva hierdoor begrijpt dat iedereen op de speelweide haar kan zien. Eindelijk ploft ze op het kleed. Nog steeds met haar armen over elkaar. En met haar rug naar opa en Sophie.
Opa knipoogt kort naar Sophie. 'Het water uit deze boschvijver werd naar het Boschbad gepompt. Zo is het zwembad ontstaan, ik mocht er als jochie graag naartoe en in de ochtenden zwem ik er nog steeds.'

'Iedereen is tegen mij,' moppert Eva zacht, en ze laat zich met een dramatische zucht op haar zij vallen. Opa reageert gelukkig niet en Sophie is dat ook niet van plan.
'We hadden nog aparte baden voor heren, voor dames en voor kinderen.' Hij kijkt Sophie aan met een glimmer in zijn ogen. 'We zwommen niet door elkaar. Dat gemengde gedoe kwam pas later.'
Sophie glimlacht. 'Gemengd gedoe,' herhaalt ze.
Opa aait over haar bol. 'Eerst even tot rust komen,' zegt hij, 'de mensen vergeten zo snel hoe belangrijk dat is.' Hij trekt zijn jas uit en legt die over de schouders van Eva. Zowaar reageert ze niet geërgerd, ze blijft mokkend liggen zoals ze lag.
Sophie opent haar boek. Opa vouwt zijn krantje uit, *De Stentor*. Even horen ze niks anders dan spelende kinderen en, in de verte, fluitende vogels.
Het duurt niet lang voordat opa zegt: 'Ha, daar is ze.' Opnieuw komt hij met een kreun overeind. 'Het gaat allemaal niet meer zo soepel,' glimlacht hij. Met zijn arm in de lucht wacht hij tot oma Marga hem ziet en terugzwaait.

'Daar zijn jullie.' Oma geeft een kus aan opa en een knuffel aan Sophie. Ze wijst naar Eva, die met haar rug naar hen toe ligt. 'Wat is er met haar?'
Opa legt zijn vinger op zijn lippen. 'Sst.'
Dan zien ze het: Eva is in slaap gevallen. Zachtjes giechelen ze erom.
'Even tot rust komen,' knikt opa tevreden, 'dan zal het straks gezellig zijn.'
Oma fluistert: 'Wie lust er een mop?' terwijl ze Sophie met vrolijke ogen aankijkt.

Sophie neemt het koekje aan. 'Oma?' begint ze. 'Wist je dat hier vroeger ijs lag? Dit hele park was bevroren. Het lag onder metershoog ijs.'
'Jazeker,' knikt oma. 'En weet jij al wat dat ijs met onze bodem heeft gedaan?'
'Opgeduwd.' Sophie houdt haar boek omhoog. 'Weet jij welke gevolgen dat heeft gehad?'
'Laat eens kijken,' zegt oma.
Samen lezen ze verder. Op het kleed leest opa zijn krantje en Eva rust uit. In de verte horen ze spelende kinderen en fluitende vogels.

TAAL

Mop = Een bepaald hard koekje. Weespermoppen, stroopmoppen, Apeldoornse moppen...
(Mop betekent ook: grote gebakken metselsteen van 24 cm. lengte: klinkers en moppen; – (gemeenz.) duiten, geld: hij heeft moppen; – groot stuk: een mop hout, turf; – een mopje spelen, zingen, stukje, deuntje; (fig.) aardigheid, gekheid, ui, kwinkslag: een aardige mop; – een schuine mop...)

MEER WETEN?

UITLEG

In het Stadspark Berg en Bos kun je je nog steeds een hele dag vermaken: je kunt er wandelen over de paden, van het uitzicht genieten vanaf de uitkijktoren, spelen en relaxen op de speelweide en herten en zwijntjes bekijken. In het park is ook de ingang voor het Klimbos Veluwe en de Apenheul. Zomers vinden er festivals plaats, zoals de openluchtbioscoop en het lichtfestival Lumido.

WEETJE

De Apeldoornse mop is een eeuwenoud koekje. In de jaren na de oorlog was het enorm populair. Vanaf de jaren zeventig verdween het uit de meeste winkels, maar als je goed zoekt kunt je ze in Apeldoorn nog steeds kopen. Je kun ze ook zelf bakken, Het recept staat op de volgende bladzijde!

WEETJE

In 1934 werd het Boschbad geopend, bedoeld voor alle inwoners van Apeldoorn. Het is nog steeds het grootste natuurzwembad van Nederland. Vanaf 1950 werd het Boschbad 'Kristalbad' genoemd. Sommige mensen beweerden dat die naam gekozen werd vanwege het ijskoude water. Maar eigenlijk verwees de naam naar het kristalheldere natuurwater. Het Boschbad kreeg in 2011 zijn oorspronkelijke naam weer terug.

10

BEZOEKEN

Park Berg en Bos

Ken jij een Apeldoornse mop?
Euh, nee...
Ha,ha, hier heb je er eentje!

RECEPT

APELDOORNSE MOPPEN

(40 stuks)

INGREDIËNTEN

400 gram zeeuwse bloem
300 gram boter
200 gram rietsuiker
1 theelepel bakpoeder
10 gram koekkruiden
1 snufje zout
75 gram grof gehakte amandelen

ZO MAAK JE HET

1 Kneed alles tot een samenhangend deeg, en laat dit in je koelkast ongeveer 2 uurtjes rusten.

2 Maak er daarna een rol van van ongeveer 4 cm dik. Snijd dan dunne plakjes en leg die op je bakplaat met bakpapier.

3 Bak ze ongeveer 30 minuten in een voorverwarmde oven op 170 graden.

Recept: Koksland.nl

MEER WETEN?

0 TEN EERSTE

De ijstijden, stuwwallen en de Veluwe

Meer weten →

Bezoeken Stap naar buiten en ga de natuur in!

Bezoeken Museonder →

1 GEVALLEN IN HET WATER

Jagers, verzamelaars, wild en het Uddelermeer

Meer weten →

Bezoeken

Het Uddelermeer, Uddel →

3 EEN CADEAU VOOR RIGLIND

Vroege middeleeuwen, Vikingen, kerstening en schrift

Meer weten →

Bezoeken IJzerslakkenhoop in het Orderbos (naast parkeerplaats AV'34)

2 DE BEKER VAN OMA

Boeren, klokbekers en grafheuvels

Meer weten →

Bezoeken Grafheuvels in het Spainkbos

Het Spainkbos vind je door langs Heuvellaan 4-16 te gaan. Vanaf hier wijst het zich vanzelf.

4 HET DRAMA VAN DRIESJEN

Watermolens, industrie en rijkdom

Meer weten →

Bezoeken

De Middelste Molen, Loenen →

5 WIELEN VOOR DE OLIFANT

Oranje-Nassau, Republiek der Nederlanden, Hans en Parkie

Meer weten →

Bezoeken Paleis het Loo →

Bezoeken

Fruitbedrijf → Bouwma

6 HET BOS HEEFT GEEN KLOK

Willem Röntgen, Apeldoorn als ontmoetingsplaats

Meer weten →

Bezoeken →

Café de Professor

Bezoeken

CODA ExperienceLab →

7 CORNELIS RENT EN RENT

Dorpstraat wordt Hoofdstraat, padvinderij

Meer weten →

Meer weten →

Meer weten →

Bezoeken

Het Raadhuisplein, Apeldoorn

8 GEHAKTBALLEN VOOR MARIA

Tweede Wereldoorlog, Seyss-Inquart

Meer weten →

Meer weten →

Bezoeken

CODA VR Lab →

Bezoeken Bunker Seys-Inquart, Loolaan 554, Apeldoorn

9 DE KNOKKELS VAN JACOB

Groei van dorp naar stad, De Maten, Orpheus

Meer weten →

Meer weten →

Bezoeken

Kinderboerderij De Maten →

Bezoeken →

Theater Orpheus

10 HET ANTWOORD VAN OPA

Park Berg en Bos, Boschvijver, Boschbad

Meer weten →

Bezoeken

Park Berg en Bos →

Bezoeken →

Het Boschbad

MEER WETEN VOOR ONDERWIJS?

Bij ieder verhaal is een interessante en aantrekkelijke basisles beschikbaar (PO), met mogelijkheden voor uitbreiding en verdieping. Neem hiervoor contact op met Stichting Leesplezier: www.stichtingleesplezier.nl

Alle achtergronden, locaties (en meer!) zijn ook te vinden op de website www.geheugenvanapeldoorn.nl. Bij het Erfgoedplatform Apeldoorn (www.erfgoedplatformapeldoorn.nl) zijn meer dan 15 historische organisaties aangesloten. Zo kun je wandelen met gidsen van het Apeldoorns Gidsencollectief of fietsen met het Fietsgilde Apeldoorn.

Voor meer informatie voor onderwijs kunt u terecht bij Cultuurwijzer Apeldoorn, CODA, Uitgeverij Nanda en Stichting Leesplezier.

STICHTING LEESPLEZIER

DANKWOORD

Dit boek is gemaakt in opdracht van, en gebaseerd op de kennis van:

↓ ↓ ↓

Masja Parlevliet
Cultuur & Erfgoed
gemeente Apeldoorn

Linda Hooijer
Comfortabele Gezinsstad
gemeente Apeldoorn

Stefan Rutten
CODA Archief

Het boek is een onderdeel van het Grote Verhaal van Apeldoorn, een samenwerking tussen de gemeente Apeldoorn, CODA, het Erfgoedplatform Apeldoorn en de Rijksdienst voor het Cultureel Erfgoed. Met het Grote Verhaal van Apeldoorn, verdeeld in tien thema's, vertellen historische gebeurtenissen, ontwikkelingen, personen, voorwerpen en locaties samen onze eigen geschiedenis.

DESKUNDIGEN EN MEELEZERS:

Sander Hurenkamp, Jos Jansen of Lorkeers, Henk Weltje, Anette Juijn-De Wilde, Martin Mesch, Machlien Vlasblom, Frits Bröker, Jos de Win, Anly van Oostendorp, Ellen Spierings, Heidi de Vries, Henry van Amstel, Patrick van Sermondt, Pauline Bomhof, Leni Visser-Heijnen.

OOK MET DANK AAN:

Fruitteler Bouwman, Silvester Zwaneveld, Wikipedia, De Stentor, Apeldoorn In de Buurt, Alie van Ommen, Het Vertelgenootschap Apeldoorn, Het Apeldoorns Stadsblad, Apeldoorn in oude & nieuwe foto's (Facebookgroep), en anderen.

UDDEL
1
5
ZWOLSEWEG
OOST VELUWEWEG
KANAAL NOORD
ZWOLSEWEG
EDISONLAAN
8
AMERSFOORTSEWEG
LAAN VAN ZEV
2
JACHTLAAN
LOOLAAN
6
7
JACHTLAAN
10
J.C. WILSLAAN
DEVENTERSTRA
STADSKADE
BERG
& BOS
APENHEUL
LOENEN
4
3
KONING STADHOUDERSLAAN
EUROPAWEG
LAAN VAN SPITSBERGEN
EUROPAWEG
ARNHEMSEWEG
LAAN V MATEN